最先端のSDGs「ノハム」こそが中小企業の苦境を救う

神田尚子
一般社団法人
日本ノハム協会代表理事

楓書店

はじめに

新型コロナウイルスによって、私たちの生活は一変しました。世界中が混乱の渦中にあり、日本でも、今後多くの中小企業が苦境に立たされることでしょう。

私が代表を務める創業から47年目を迎えるブライダル会社、株式会社タガヤも99％の売上げ減という大変な損害を受けました。しかし私は、この出来事を、ビジネスの価値観が大きく変わる転換期と捉えています。

以前からビジネス界でも大量生産、大量消費というこれまでの経済活動を見直し、環境に配慮したサステナブルな商品開発が注目されるようになってきていました。新型コロナウイルスは、この世界的潮流を加速させたわけです。

これからの新時代のビジネスに取り組む上での指標になるものが「ＳＤＧｓ《エスディージーズ》」だと考えています。いち早く取り組んだ中小企業にこそチャンスが訪れるでしょう。

私がＳＤＧｓという言葉に初めて出会ったのは、２０１６年12月のニューヨークでした。大切な人の散骨に訪れた時のことです。

当時、私はタガヤで現場のＣＥＯを任され、創業者であり天才的なＣＦＯ髙谷《たかや》光正《みつまさ》は、財務全般を指揮していました。ところが、髙谷は病魔に侵され、67歳の若さで亡くなってしまいます。そして、私が彼の希望の魂を引き継ぐことになりました。

人は失って初めて、いつも普通にあったことがどれだけ幸せで感謝に値するのかを知ることになります。

例えば、今回の新型コロナウイルス感染拡大では、人と会うこと、外で仲間と食事をすること、旅に出かけること、健康でいること、さらには仕事があることや忙しいことも、いままでは過去の日々を思い、いかに重要であったかを思い知りました。

失って初めて知る本当に大切なことは、隠れていてなかなか見えないのです。

創業者の死後、私はニューヨークでの散骨を希望していた彼の願いを叶えるために渡米しました。ちょうどその時期に国連では、ＳＤＧｓについて盛んに議論されているところでした。初めて訪問した国連において、その壮大な理念と取り巻く熱気に感化されたのです。

ＳＤＧｓによる「２０３０年までに誰一人取り残さない」という目標が達成されれば、

もっと地球の環境がよくなり、生きていることの素晴らしさを実感しながら未来に不安のない世の中が実現する。カップルが多く誕生して子どもも増える。そんな夢が広がりました。

それからしばらくは脳裏から消え去り、置き去りにしていたＳＤＧｓを再び当事者意識を持って感じる出来事がありました。

２０１９年3月のことです。その鮮烈な出来事で完全にロックオンされました。これはすごいことになるかも知れないという予感です。

なんとなくの気分で参加した奈良でのパネルディスカッションで、前国連大使の吉《よし》川《かわ》元偉《もとひで》さんと地球環境戦略研究機関専務理事の三好信俊《みよしのぶとし》さんの話をうかがいました。第一線でＳＤＧｓや環境問題に長年かかわってこられた方々の話は迫力があり深かったです。

その時から「このＳＤＧｓにどのようにして取り組むことができるのか」ということが片時も頭から離れず、自問自答を繰り返す日々が始まりました。

少子化や今後の人口減少を考えると、ブライダル事業を生業とするタガヤも、新機軸を打ち出すべき転機に差し掛かっていました。

ＳＤＧｓの詳細はすでにご存じの方も多いと思いますが、簡単にご説明させてください。

ＳＤＧｓとは、２０１５年に国連が定めた２０３０年までに世界が目指すべき持続可能な開発目標の17の項目です。

①貧困をなくそう　②飢餓をゼロに　③すべての人に健康と福祉を　④質の高い教育をみんなに　⑤ジェンダー平等を実現しよう　⑥安全な水とトイレを世界中に　⑦エネルギーをみんなに、そしてクリーンに　⑧働きがいも経済成長も　⑨産業と技術革新の基盤をつくろう　⑩人や国の不平等をなくそう　⑪住み続けられるまちづくりを　⑫つくる責任、つかう責任　⑬気候変動に具体的な対策を　⑭海の豊かさを守ろう　⑮陸の豊かさも守ろう　⑯平和と公正をすべての人に　⑰パートナーシップで目標を達成しよう

すべてがしごくまっとうな正論であることは異存のないところでしょう。

しかし、あまりに理念が壮大で、「実際になにをしたらいいのか……」というのが多くの日本企業の現状でしょう。実際、ＳＤＧｓに積極的に取り組んでいる国内企業はわずか１％程度に過ぎません。

ところが、多くの世界的な企業はこの目標に向けて歩み始めているのです。

私は世界のいまを知るため、そして現場を研究するために、この10年間、年に６回ほど海外視察に出かけました。

デンマークのロラン島では、農家の方々が再生可能エネルギーを自給するために風力発電を兼業で運営する様子を取材しました。

ロンドンには、プラスチックをまったく使わないスーパーが存在します。

オーストラリアでは、リカーショップやスーパーマーケットに入ると、ほとんどコルクキャップのワインは売られていません。コルクのキャップはコルクガシという樫の木の皮をはいでつくるため、ワインを飲むこと自体が環境破壊につながっているという意識なのです。

実際に海外を訪れてみて愕然とするのは、日本の食の安全や健康、環境問題、教育などに対する意識がとても低いということです。

また、日本にはベジタリアンやヴィーガンに関する知識や情報も不足しています。

これからの日本の切迫した問題である人口減を補うには、インバウンドを頼りにせざるを得ないことは明白です。しかし、海外から訪れる食意識の高いベジタリアンやヴィーガンに対して、日本のほとんどのレストランは対応できないのです。欧米ではステーキハウスでもベジタリアンやヴィーガン向けのメニューがあります。

ＳＤＧｓ的な考えを持ってメニュー開発をすると、健康的でかつ環境問題にいかに配慮すべきか、という視点が生まれます。

平均寿命が大幅に延びた現在、健康、医療は我々にとって最重要なテーマです。

いまやＳＤＧｓを無視して世界的なビジネスは成り立たないのです。

日本ではＳＤＧｓは財政的に余裕のある大企業が行うもので、日々の業務、財務に追われる中小企業とは無縁のものと考えられています。

しかし、ＳＤＧｓこそ新たなビジネスチャンスなのです。特に小回りの効く中小企業にとってこそ最高の転機と言えるでしょう。

実際にタガヤで、ＳＤＧｓにどのように取り組んでいるか、その詳細は後ほどご紹介しますが、企業として以下のようなメリットを享受しています。

ＳＤＧｓの考え方によって社内の働き方改革を行ったところ、社員のモチベーションが上がり、さらに優秀な人材を集めることにつながりました。

また、社会的評価が高まったことで、思いもよらないレベルの人との出会いや協力が得られるようになりました。

これからは物質的な豊かさに替わって心の豊かさが求められる時代なのです。ＳＤＧｓはその象徴とも言えるでしょう。

さらに私たちは、ＳＤＧｓをよりわかりやすく実践するための方法として「ノハム」という考えに行き着きました。これはＳＤＧｓを日々研究する中で生まれた、さらに一歩進んだ考え方です。

ノハムとは英語で「No Harm（ノー・ハーム）」。Harm（害）が無い、つまり「無害」を象徴する言葉です。

ノハムとはＳＤＧｓを取り組みやすいように、具体化したものです。「食」「住」「衣」「心」といった分野で実際に何を行えばよいのか、マニュアルを作成しました。健康のために絶対知っておいたほうがいい食品の知識、ストレス回避の考え方、そして、子どもたちが心身共に健康で幸せな未来を送る秘訣など、私たちにとって大切なことをノハムという言葉を通して広めたい、と考えています。

そして、ノハムは中小企業にこそ適したビジネススタイルなのです。大資本がなくとも、アイデア次第でいくらでも面白い展開が可能になります。

ＳＤＧｓの入門書はたくさん出版されていますが、実際にどのようにビジネスに取り組むべきか、特に中小企業の事例について書かれている本はありません。どのような企業にも社内でできる取り組みが必ずあるはずです。

これが本書のテーマである「ＳＤＧｓ×中小企業の取り組み」のすすめなのです。企業が自分の社業を見直して、もしくは新規事業としてなにかを行うにはいまがチャンスです。明治維新以来の転機であるこのタイミングでこそ、環境問題やつくる責任、使う責任を考えなくてはいけません。

また、「ノハムライフ」は個人生活の中でも実践できるものです。

国連が提唱している、「誰一人取り残さない開発目標」であるＳＤＧｓを、普段の生活から取り入れることで、人がもっと幸せになる方程式も一緒に学びましょう、というのがノハムの取り組みです。

私たちの提唱する「ノハムライフ」はあなたの健康を守り、世界をよくするきっかけになると考えています。

私たちの地球は、未来の子どもたちからの借り物です。汚れた状態のまま、枯渇した資源のまま、次世代に引き継がせてはいけません。個人の生活レベルでなにをどうしたらいいか考えることが、「ノハムライフ」のもっとも重要なテーマなのです。

未来を生きる子どもたちと地球のために、ノハムが誕生した秘話をご紹介します。

２０２０年７月　神田尚子

最先端のＳＤＧｓ「ノハム」こそが中小企業の苦境を救う

Contents

はじめに　1

第1章　ポストコロナ時代の価値観はノハム×ＳＤＧｓ　15

コロナ禍で毎月1億6000万円の赤字　16
会社をどのように大きくするかというライフワーク　19
節税する会社は伸びない　22
ポストコロナのビジネスチャンス　25
すべての価値観が逆転する時代へ　28
ＳＤＧｓが生き残るための最強の指針　30
ＳＤＧｓはなぜ生まれたか　37
地球上の誰一人取り残さないＳＤＧｓ　41

第2章　世の中を変える新規事業ノハム　43

新時代の指針となる日本ノハム協会　44
外食産業を救うＳＤＧｓ　49
ノハム認証で得られる5つのメリット　52
ノハムの反響は知識人から財界へ　56
環境最優先の経済システムへ　60
ノハムはＳＤＧｓをわかりやすくする　63
ノハム認証の基準とは　67
ノハムはＳＤＧｓ版ミシュラン　71

第3章　ＳＤＧｓを事業に生かすには？　77

ＳＤＧｓが会社を救う　78
取り組めば企業イメージが上がる　80
経営者が変われば会社も変わる　85

SDGsへの貢献度に企業価値が現れる　89
会社を大きくしたければ寄付をしなさい　92
SDGsを考えるチームをつくろう　95
カードゲームでSDGsを学ぼう　98
17色のバッジをつけることから始めてみる　101
ビジネスの常識が一変する　103
ポストコロナ時代の人事戦略　105
GAFAはコロナ前からSDGsを取り入れていた　110

第4章　中小企業が目指すべき安全で安心な社会　113

タガヤのSDGsは食の安全から　114
子どもに安心安全なお菓子Paticoの開発　115
一番に優先すべきは子どもに安全な食品を届けること　118
世界の流れから取り残される日本　122
個々の意識が未来へとつながる　127

前国連大使吉川元偉さんとの奇跡の出会い　131
真に女性が輝くことができる職場とは　134
離職率はＳＤＧｓで下げられる　135
賃金を上げても辞めていく時代へ　137
結婚、出産に対応できるキャリアづくり　139
平日勤務を希望する社員のために、事業部をつくる　141
子どもを持つ社員を大切にする　144
資源再利用で最先端を行く真庭市の取り組み　146
ＳＤＧｓの視点で行う地域への貢献　150

第5章　海外から学んだ感動のＳＤＧｓ　153

心が震えた12歳の少女のスピーチと世界一貧しい大統領の言葉　154
ロンドンで見たリサイクルの精神　156
北欧の先進的な取り組み　161
幸せなデンマークのシステム　164

デンマーク最大のオーガニック農場もＳＤＧｓ　166
行列ができるサステナブルな寿司屋　168
ソファーに寝たままできるＳＤＧｓ　172
ＧＡＦＡでは従業員ファースト　174
シリコンバレー型の新ライフスタイル　178
スマホを離れてキャンドルを囲もう　180
子どもが第一優先の国へ変わるために　183

おわりに　185

第1章

ポストコロナ時代の価値観はノハム×SDGs

コロナ禍で毎月1億6000万円の赤字

世界中のニュースは、新型コロナウイルス感染症＝COVID-19一色。これほどまでに世界中が一つの問題に取り組むことになるなど誰も予想をしていませんでした。

コロナ禍で、これからお伝えしていく決断ができたことは、自分でも幸運だったと思います。そのおかげで、**タガヤの売上げがゼロ更新、毎月1億6000万円の赤字が続く中でも、将来の私たちのあるべき姿がはっきりと見えてきた**のです。

新型コロナの終息はまだ程遠く、いまもパンデミックの波がいつくるかわからない状況です。それでも、目の前のことに追われて見えなくなっているものを「いま見なくてはいけないもの」として感じたいと思います。

経営の神様である松下幸之助《まつしたこうのすけ》さんの「風の音を聞いただけでも悟る人はおるわなあ」という言葉。いまこそ、新型コロナの示唆を受け取らなければ、私たちにとって安心安全の未来はやって来ないのです。

新型コロナによる自粛や緊急事態宣言は、メーカーにも、サービス業にも、かつてない大打撃を与えました。

特に観光業や飲食業は規模の大小にかかわりなく、壊滅的な状況です。２０２０年東京オリンピック・パラリンピックに期待を寄せ、ホテルが乱立されましたが、世界的な規模のラグジュアリーホテルですら次々と休業。この２年間流行り増え続けたインバウンド頼りの民泊は倒産の嵐です。

雇用にも影響が出ています。非正規雇用である契約社員やアルバイトは再雇用の道が閉ざされ、大変厳しい状況が続いています。

採用された新入社員は、一度も出社せずに自宅待機や入社時期の延期などを申し渡され、「気に入らなければ退職という道を取っていただいてもいいですよ」という姿勢を見せる企業も。これまでの売り手市場が新型コロナで買い手市場に変わりました。

２０２１年の新卒採用求人はどんどん取り下げられ、自粛を理由に会社説明会も取りやめが相次いでいます。

会計士さんと話していても「撤退の話ばかりで忙しい」と青息吐息。建築工事関係者と情報交換をすると、延期や資金繰りの困難で頓挫候補の建築物も数知れずという状況です。じわじわと空きテナントが増え始めていて、ホテルやレストランが倒れると歯が抜けたように目立つことになるでしょう。


これから数年は業界再編と廃業が続くはずです。もちろん事業者はこうした危機にはさまざまな手を尽くしますが、どこも資金繰りが大変厳しい状態に置かれています。特にこれまで節税に躍起になっていた個人事業主や中小零細企業は内部留保が無いので、個人の資産を投入するしか手はありません。

メーカーやサービス業を例に取ると、中小企業の現金の保有は多くて経費の3～4カ月分。中には自転車操業のような企業もあります。

事業者や後継者がいない企業はコロナ禍でなくても危なかったですが、資金が尽きて、廃業も多数出ている状況です。しかし、本当の修羅場はこれからなのです。自粛が解除されても「ウイズコロナ」では、昔のような売上げは期待できません。

もし新型コロナの第2波、第3波が襲ってきたら、耐えられる中小零細企業がどれほどあるでしょうか。

助成金の申請に血眼になっている企業の大半は、おそらく第2波の襲来でアウトになってしまうでしょう。

大手も抱える店舗の固定費や人件費が大きすぎて、インターネットビジネスでカバーできない限り、リアル店舗だけではお手上げです。その一方で、GAFA（ガーファ：Google、Amazon、Facebook、Appleの頭文字）は、この新型コロナ感染拡大を予測していたのでしょうか⁉　株価はいまも高値更新中です。その秘密は第5章でお話ししたいと思います。

会社をどのように大きくするかというライフワーク

私が代表を務める株式会社タガヤは、1974年に京都にて婚礼衣装（当時はすべて和装）で創業し、その後１９９６年に本社ビルを竣工、２００２年からは結婚式場を３つ、テナントを7店舗展開しています。

結婚式に関する事業をすべて内製化しているため粗利率は高く、旅行事業やプロデュース業ではインバウンドのお客様が年々増え、社員にも中国人２名、台湾人２名、欧米人２名を雇用し、グローバルに事業を展開していました。

それでも、２０１７年の最大売上げ約30億円の年商EBITDA（税引き前利益＋減価償却費）で8億円の利益を確保した以降は年々微減となり、２０１９年の売上げは25億円でした。ただし、創業以来、赤字は一度も出しておりません。

私は2代目社長です。大学で観光学を学んだ後、大手ホテルに入社しました。バブル期でしたのでホテルランキングを競い、常にホスピタリティの限界に挑戦する日々……。いま振り返ってみても楽しい毎日でした。

ある日、人前でうまく話せるようになりたいと入った話し方教室が、実は経営者セミナーのようなもので、受講するうちに「経営者になりたい」という気持ちが湧いてきました。10年の節目でホテルの退職を決意し、単身ニューヨークへ。なぜニューヨークを選んだのか思い出せないのですが、その当時は一番ハードルが高い都市だと思えたのです。

その街でヒラリー・クリントンさんがロックフェラーセンターのクリスマスツリーに点灯し、日本のＧＬＡＹが音楽を披露する場面に偶然遭遇した時、こんなにエキサイティングで、元気と勇気を補給できるところに、毎年来られるような人生を送りたいと小さな炎を燃やしました。

ニューヨークからサンディエゴを経由してサンフランシスコまで横断した時のことです。「友達の友達はみな友達」精神で、知り合った友達の家に泊まらせてもらいました。なぜか若いのに超お金持ちの人ばかり。「エキストラルームがあるのでどうぞ」という成功者たちのライフスタイルに憧憬を持ったのです。

こうして自分の目指すべき人生観みたいなものができ、あとはどのように行動するかだけでした。実は、ニューヨークに行く前にタガヤの創業者・高谷光正からヘッドハンティングを受けていたのですが、どうするか決めかねていたのです。

しかし、ニューヨークで日々を過ごすうちに私の考えは固まりました。「**会社の大**

きさではなく、どのようにしてその会社を大きくするかがキーなんだ」と、ここに人生を賭けようと思ったのです。

1998年、31歳の時に管理職として入社し、代表取締役として事業継承したのは2012年のこと。入社当初は2億円だった売上げを一時は30億円にまで業績アップさせたことは、手前味噌ながら大きな自信となりました。

節税する会社は伸びない

コロナ禍では人が集まることができないため、私たちの基幹事業であるブライダルには大打撃です。結婚式は不要不急ではなく、政府が避けるべきと掲げた「三密」にも抵触してしまいます。

2020年3月は売上げ50％減、4月が売上げ90％減、5月以降は売上げゼロで、6月以降もほぼ白紙状態。サブ事業である観光も売上げゼロで、インバウンドの結婚式もゼロという現状です。

少子化の波を受けて新型コロナに関係なくブライダルの規模が縮小する中で、コロナ前から毎月同業の会社が倒産、廃業をするニュースが報じられました。それに追い打ちをかける悲劇がウェディング業界を襲っています。

ご多分にもれず私たちも、創業から47年目で迎えたほぼ初めての大ピンチ(小さなピンチはいくつかありましたが、とても比べられないレベルです)。唯一の救いは、我々には6ヵ月先まで生きていける内部留保があったことです。

京セラの創業者である稲盛和夫《いなもりかずお》名誉会長が塾長を務める盛和塾の哲学は、「税金を支払うことは社会貢献であり、企業としても責務である」。私はタガヤの創業者からそのように教えられていました。税金を支払わないとお金は貯められないのです。

極端な節税をしない。助成金はもらわない。利益の3%は寄付に使う。

税金を支払いたくないと思っている経営者は結局事業が伸びず、節税ばかりが上手くなるだけなのです。タガヤがなんとか窮地を逃れたのは、創業者の理念通りの経営を行っていたおかげです。しかしそれにしても、売上げゼロがいつまで続くのか……。

私がコロナ禍で一番初めに行ったことは、もちろん資金繰りです。年内の売上げがゼロでも生き残るための資金を調達すること。自分の資産はすべて、すぐに現金化できるように変更しました。

せめてもの救いはライバルも同じ状態であるということです。「ここは開き直るしかない」とランニングや瞑想に朝の時間を費やし、マインドフルネスを最大限に心がけて、いまなにをすべきかを24時間考えることにしました。

実は、これほどの緊急事態になると、夢の中でも継続して会社のことを考えることができるようになるのです。それはおそらく、瞑想のおかげだと思います。

究極の選択は「動かすか、クローズするか」です。自宅待機にしたり、休業にすることで、休業補償を受けることができます。多くのライバルもその選択をしました。私たちも店舗はすべて閉めたのですが、従業員は休業にせずリモートワークや有給休暇に振り替えました。目先の経費節減ではなく、未来の投資に賭けたのです。

タガヤとして、次になにをするべきなのか？　そこで、2019年から取り組んでいた、**「ノハム」というSDGs＝「持続可能な開発目標」に貢献する事業に集中する**ことに決めたのです。

ポストコロナのビジネスチャンス

新型コロナが引き起こしたのは、悪いことばかりではありません。ソーシャルディスタンスや三密は、私たちのコミュニケーションの形を強制的に変えましたが、その結果、いかに人と人とのリアルなつながりが必要か、痛感された方も多いと思います。

マイナスがあればプラスもあります。先の第二次世界大戦では多くの日本人が命を落とし、経済は破綻しました。そんな終戦から5年経たずにベビーブームが始まり、団塊の世代が生まれます。

この20年間で少子高齢化が進みましたが、コロナ禍を第二次世界大戦と比較するなら、この後の数年間で日本は少子高齢化からの脱却を始められるかもしれません。

自粛期間で面白かったのは、自粛が長期化するにつれて、「会社に行かせろ、外に出かけさせろ」との声が世間から出始めたことです。

本格的な外出自粛は4~5月のわずか2ヵ月間。欧米ならバカンスの長さです。自粛の前までは、みなさん「休みたい」と言っていたのに、たかだか2ヵ月で「働きたい」に変わるのですから、日本人はどれだけ勤勉なのだろうと思います。

そんな働き者の日本人の体質からすれば、意外と早く、経済は立ち直るかもしれません。

私はコロナ不況を自力で乗り切れた企業にこそ、ポストコロナの世界でビジネスチャンスがやってくると思っています。

国からの補助金をもらうことに血眼になったり、銀行から多額の融資を受けた企業はとりあえず生き延びることができるでしょう。しかし残念なことに、企業としての体質改善は行われないままで、ポストコロナ時代に適合できず、組織だけが存続している状態です。それはけっして健全なことではありません。

ウイルスとともに生きることは、地球の環境に敬意を表すということです。いまこそ、新しい未来に向けて舵を切り、一気に業態を変えるチャンスだと私は考えています。コロナにより死に体となった事業に点滴のように補助金や融資を流し込みながら生き延びるのか、ポストコロナの新しい社会に適応した事業にシフトチェンジするのか――。決断が必要です。

新型コロナがもたらしたいい点に目を向けると、衛生意識の向上とインフルエンザ発症率の極端な低下があります。手洗いの励行で２０１９~２０年のインフルエンザ感染者は前年度から４５０万人減ったそうです。

また、自然界でも歓喜の声が上がっています。工場や物流、飛行機や自動車の流れが止まり、**経済がマイナスになった分、大気汚染濃度が改善**されています。しばらく見たことのなかった青空が観測されたり、観光地や海、川からゴミがなくなったりしました。

これをいかに維持していくかは、今回私たちが考えなくてはならない大切なメッセージの一つです。

すべての価値観が逆転する時代へ

コロナ禍でとてもわかりやすいのが、地方と都市圏の違いです。地方ではほとんど新型コロナの感染者が出ませんでした。都市部よりもはるかに人口密度が低いためです。

これまで人口動向は地方から都市部へと向かい、その逆はごくわずかでした。**地方は人口が減り続け、都市部は人口が増え続けてきたのです。しかし、今回のコロナ禍でその流れは逆転するかもしれません。**

テレワークがこのまま進めば、東京で高い家賃を支払って事務所を借りる必要がなくなります。リゾート地に本社を構え、東京は支店があればいい。そう考える企業も出てくるでしょう。価値観が完全に逆転するのです。

盤石と思われていた自動車産業も例外ではありません。自粛で移動が制限されてしまうと、いままでのように誰もが自動車を持つ必要はなくなります。ポストコロナ社会では、車の社会的な位置づけが変わるかもしれません。移動に対する考え方が変われば、交通手段も変わっていくでしょう。カーシェアリングや小型モビリティ、あるいは自転車がこれからの個人の〝交通手段〟になるかもしれません。

そして人材。新型コロナによる倒産で、大量の人材が転職市場に放出されました。裏を返せば、例えば私どもの業界で考えると、三ツ星で働いていたようなシェフを雇うことができるチャンスと言えます。他にも、プログラマーだったり、エンジニアだったり、どの会社にとっても能力の高い人材を雇用できるチャンスなのです。

いまは企業も人材もふるいにかけられている真っ最中。どう動くかによって結果は大きく変わります。

新型コロナは終息が見えず、私たちはウイルスと共存していくことになるでしょう。新型コロナが変異して薬が効かない、スーパーバグが生まれる可能性も指摘されています。1年後、2年後に収まっている、という保証はありません。

コロナ禍により世界の枠組みが根底から変わり、新しいノーマル、新しいライフスタイルが生まれます。それは旧来の経営の考えからすれば、受け入れがたい新常識を大いに含んでいると考えられます。

しかし、第二次世界大戦によって戦前のすべてが変わったように、新型コロナはすでに世界を変えてしまったのです。**勇気ある選択をしたところが、次の時代を生き抜いていく企業**だと私は思っています。

ＳＤＧｓが生き残るための最強の指針

新型コロナはこれまでの勝者と敗者を、同じスタートラインに立たせてしまいました。過去の業績は関係ありません。

コロナ不況からいち早く抜け出すためにはどうすればいいのか？

これまでの勝ち組のやり方が通用しないのなら、どんなやり方ならポストコロナ時代をサバイブできるのか？

そこで、**世界共通のキーワードであるＳＤＧｓが、生き残るための指針になる**と私は考えています。

資源や食料の不足、環境悪化、貧困などによる地域紛争など、現在の世界は多くの問題を抱えています。こうした問題は年を追うほどに深刻化しており、このままでは環境悪化や食糧危機を理由に世界大戦が始まるかもしれません。

２０１５年９月に国連で採択されたＳＤＧｓ＝Sustainable Development Goals（持続可能な開発目標）とは、世界のリスクを軽減させるために設けられた国際的な達成目標です。

社会が破滅的なダメージを受けないように、まだ余裕があるいまのうちにリソースを問題解決へ振り向け、将来も安定した社会が続くように新しい経済や文化の枠組みを構築しようという目的で提唱されたものです。

具体的には、**17の目標とその実現に向けた１６９のターゲット**を指し、実現に向けたロードマップも各国に課せられています。17の目標を簡単にまとめるとこのようになります。

1. 貧困をなくそう（あらゆる場所で、あらゆる形態の貧困に終止符を打つ）
2. 飢餓をゼロに（飢餓に終止符を打ち、食糧の安定確保と栄養状態の改善を達成するとともに、持続可能な農業を推進する）
3. すべての人に健康と福祉を（あらゆる年齢のすべての人々の健康的な生活を確保し、福祉を推進する）
4. 質の高い教育をみんなに（すべての人々に包摂的かつ公平で質の高い教育を提供し、生涯学習の機会を促進する）
5. ジェンダー平等を実現しよう（ジェンダーの平等を達成し、すべての女性と女児のエンパワーメントを図る）
6. 安全な水とトイレを世界中に（すべての人々に水と衛生へのアクセスと持続可能な管理を確保する）
7. エネルギーをみんなに、そしてクリーンに（すべての人々に手ごろで信頼でき、持続可能かつ近代的なエネルギーへのアクセスを確保する）
8. 働きがいも経済成長も（すべての人々のための持続的、かつ一定レベルの経済成長、生産的な完全雇用および働きがいのある人間らしい雇用を推進する）
9. 産業と技術革新の基盤をつくろう（耐久性に優れたインフラを整備し、包摂的で持続可能な産業化を推進するとともに、イノベーションの拡大を図る）

10. 人や国の不平等をなくそう（国内および国家間の不平等を是正する）

11. 住み続けられる街づくりを（都市と人間の居住地を一定レベルに安全に、かつ耐久性に優れ持続可能にする）

12. つくる責任、つかう責任（持続可能な消費と生産のパターンを確保する）

13. 気候変動に具体的な対策を（気候変動とその影響に立ち向かうため、緊急対策を取る）

14. 海の豊かさを守ろう（海洋と海洋資源を持続可能な開発に向けて保全し、持続可能な形で利用する）

15. 陸の豊かさも守ろう（陸上生態系の保護、回復および持続可能な利用の推進、森林の持続可能な管理、砂漠化への対処、土地劣化の阻止および回復、並びに生物多様性損失の阻止を図る）

16. 平和と公正をすべての人に（持続可能な開発に向けて平和で包摂的な社会を推進し、すべての人々に司法へのアクセスを提供するとともに、あらゆるレベルにおいて効果的で責任ある一定レベルの制度を構築する）

17. パートナーシップで目標を達成しよう（持続可能な開発に向けて実施手段を強化し、グローバル・パートナーシップを活性化する）

※参考：グローバル・コンパクト・ネットワーク・ジャパン　http://www.ungcjn.org/

この17の目標にぶら下がる形で、それぞれに10前後のターゲットがあり、合わせて169のターゲットになります。

これは単なる理想論ではなく、2030年までに国連加盟193ヵ国が達成すべき目標です。各国に達成目標とそれに向けて努力する責任があり、日本でも2016年5月に内閣総理大臣を本部長とし、全閣僚が構成員となるSDGs推進本部が起ち上がりました。2017年12月以降は達成のための主要な取り組みをまとめた「SDGsアクションプラン」が策定され、広い分野でステークホルダー（企業や団体などの利害関係者）に呼びかけ、実行を促しています。

ポストコロナ社会では、この動きが顕著になるでしょう。大企業やNPO、NGOは動いているのですが、まだ大きな流れになっていません。しかし、**新型コロナがこれまでの社会への反省を促し、SDGsへ目を向けさせると思っています。**

SDGsは経済と政治の具体的なロードマップであり、これからの事業はSDGsに沿って運営することが求められます。無視したプレイヤーは市場からはじき出されるでしょう。

また、SDGsは世界での共通語なのでグローバル化するサプライチェーンには必須です。取り組むことで企業統治や環境課題のみならず、働き方改革、人材の採用、顧客対応、マーケティング、ブランディング、地域社会との関係なども幅広くカバーすることになります。これから劇的に変わる世の中に取り残されないように、小さい会社こそ付加価値を高めれば商機になるはずです。

何十年かに一度の大転換期になるのは、間違いありませんから。

SDGsを理解する

ポストコロナ時代の重要なコンセプトがSDGsと気づいたら、それがなにかを理解しなければ、業務に取り入れることはできません。

まず国際連合広報センターのホームページでSDGsの項目を見てください。ここに詳細な解説と現状が掲載されています。

国際連合広報センター

https://www.unic.or.jp/activities/economic_social_development/sustainable_development/2030agenda/

どのような企業が17のどの目標に対して、どんな活動を行っているのかはグローバル・コンパクト・ネットワークジャパンのウェブサイトで知ることができます。

グローバル・コンパクト・ネットワークジャパン http://www.ungcjn.org/

国連グローバル・コンパクト（UNGC）は、SDGsを積極的に事業目標に取り入れる企業の国際的なネットワークで、加入企業や団体はグローバル・コンパクト・ネットワークジャパンのサイトで確認できます。各目標の具体的な取り組みは、同サイトのバナー「持続可能な開発目標（SDGs）」で表示されるカラフルな17の目標のアイコンにリンクが張られています。

グローバル・コンパクト・ネットワークジャパンのサイト内の「SDGs REPORT GCNJ／IGESインタビューシリーズ：ESG時代におけるSDGsビジネス」またはPDFファイル「SDGs日本企業調査レポート」では、SDGsを導入している企業のインタビューがまとめられており、参考になるはずです。

ＳＤＧｓはなぜ生まれたか

なぜ国連でＳＤＧｓが採択され、各国が承認したのでしょうか？

ＳＤＧｓに先行して、２０００年９月に国連サミットで採択されたＭＤＧｓ（ミレニアム開発目標。Millennium Development Goals）というＳＤＧｓ同様の開発目標がありました。

ＭＤＧｓは２０１５年までに達成すべき８つの目標、「極度の貧困と飢餓の撲滅」「普遍的な初等教育の達成」「ジェンダー平等の推進と女性の地位向上」「乳幼児死亡率の削減」「妊産婦の健康の改善」「ＨＩＶ／エイズ、マラリア、その他の疾病のまん延防止」「環境の持続可能性を確保」「開発のためのグローバルなパートナーシップの推進」を設定し、その克服を課題としました。

ＭＤＧｓが設定された理由は、極度の貧困が政情不安を生み、アルカイダのような過激なテロ集団を生み出したと考えられているからです。

腐敗した政治体制下では賄賂が横行し、払えない者は極貧に突き落とされます。売春や乳幼児の人身売買、奴隷労働（債務不履行による債務労働）、若年労働者からの過剰な搾取、教育の不正（賄賂による成績の操作や教員の無断欠勤など）、最低限の医療でさえも賄賂に左右される国が数多くあります。

日本ではフィクションの中でしか見られない、おぞましい現実が世界には実存し、それを生み出しているのが貧困なのです。

安い労働力を確保するために、先進国は開発途上国の貧困を放置し、代わりに資本を投入して自国の経済利益のために人的資源から地下資源まで、広く搾取してきました。その長年の結果が９・11の遠因と言ってもいいでしょう。

貧困は経済にとって極めて悪質なリスクです。貧困層と軍部が組んでクーデターでも起きれば最悪です。政権が倒れれば、これまでの投資は無駄になり、場合によっては訴訟に発展するかもしれません。

さらに、産業構造の変化により、労働ニーズが工場や農場のような労働集約型からインドが行っているプログラミングの下請けのような知的集約型労働に切り替わり、教育を受けていない低賃金労働者が不要になり始めています。

これまでグローバル企業は貧困地域で単純労働者を集めてきましたが、これからはこうした人々の貧困を放置せず、教育を徹底させることが先進国にとってより大きな利益になるわけです。

そこで、ヒューマニズムの理念とグローバル企業の思惑が一致し、世界から貧困を減らす具体的なアクションを起こすことが決まったのです。


ＭＤＧｓは大きな成果を上げました。

「国連ミレニアム開発目標報告２０１５」によれば、１９９０年には開発途上国の人口の半数近くが1日1・25ドル未満で生活していましたが、２０１５年にはその割合が14％まで低下しました。極度の貧困の中で暮らす人の数は１９９０年の19億人から２０１５年には8億３６００万人へと半数以下まで減りました。

初等教育の実施レベルも上がり、５歳未満の幼児死亡率も１９９０年から２０１５年の間に、出生１０００人あたりで90人から43人へと半減しています。

しかし、いまだ貧困は続いています。男女平等の道は遠く、開発途上国の賄賂体質は改善されていません。より徹底的な貧困撲滅が必要です。

さらに、資源の問題があります。資源の有限と食糧生産の限界が見え始め、一方で人口増加はとどまるところを知りません。国連の発表によると、２０３０年には85億人、２０５０年には、１００億人に達すると推測されています。

シベリアの寒冷地を緑地化するなどの大胆な方策を採ったとしても、人間が耕作可能な耕地で養える人口は最大で１５０億人と言われています。そこまで人口が増えた場合、食糧をめぐって世界大戦が起きることさえ考えられるでしょう。

環境も悪化の一途をたどっています。地球温暖化による異常気象が続けば、１５０億人に達するよりずっと早く、食糧危機が起こるかもしれません。

貧困から資源、環境まで幅広く捉え直し、国際的な枠組みの中で問題解決を図る。

それがＳＤＧｓであり、目標とする持続可能社会がその解答となるのです。

地球上の誰一人取り残さないSDGs

ＳＤＧｓの最終目標、つまり17の目標が達成された時に訪れるのは、**「〝誰一人取り残さない〟持続可能で多様性と包摂性のある社会の実現」**です。

その実現のために必要なことが次の5点と定義されています。

・普遍性　実現に向けてすべての国が行動する
・包摂性　人間の安全保障の理念を反映し、〝誰一人取り残さない〟
・参画型　すべてのステークホルダーが役割を果たす＝全員参加
・統合性　社会・経済・環境は不可分であり、統合的に取り組む
・透明性　モニタリング指標を決め、定期的に更新＝説明責任

経営に生かす時にも、この5つのポイントを外さないように気をつけなければなりません。

経営の視点でこの5つのポイントを説明すれば、ＳＤＧｓは全員参加であり、個人

も企業も参加が義務です（ただし罰則はありません）。経営においては社員や取引先に取り残しがないように行動し、全部署が統合的に対応することになります。そして、活動内容は透明性をもって開示されることになるのです。

政府の大きな動きとして、ＭＤＧｓの終了に合わせて年金積立金管理運用独立行政法人（ＧＰＩＦ）が投資基準にＥＳＧ（Environment＝環境、Social＝社会、Governance＝組織管理）を挙げ、ＥＳＧインデックスを用いた1兆円規模の運用を開始しています。

ＳＤＧｓが政府から個人まですべてを対象とするのに対して、ＥＳＧは主に企業の長期目標や投資の基準で、どちらも不可分な関係です。

遅かれ早かれＳＤＧｓに取り組まなければ、投資対象とみなされなかったり、会社としての評価を下げることになるでしょう。

ポストコロナの戦略を立てる上で、ＳＤＧｓを無視することは自社の首を絞めることに他なりません。

第2章

世の中を変える新規事業ノハム

新時代の指針となる日本ノハム協会

タガヤの基幹であるブライダル事業は、２０１７年以降売上げが徐々に減少してきました。少子化の煽りを受け、さらに厳しい見通しを考える中、私はあることに気がつきました。それは、**「日本にはベジタリアンやヴィーガンに対応するレストランが少ない」**ということです。

我が社には2名のベジタリアンがいるのですが、会食をする際のレストラン選びに苦労し、対応可能な店でも１００％希望に沿うことは難しいという現状がありました。

コロナ禍になる前は、欧米、アジアを中心に、海外へ視察と取材に行っていました。その際に、世界の人々の食に対する意識が大きく変化してきていることを感じたのです。ヨーロッパやアメリカのスーパーに行くと、オーガニックやベジタリアンのコーナーに広いスペースが割かれ、たくさんの商品が陳列されています。特に富裕層向けの店にそういった傾向があるということです。

タガヤの旅行部にはパーソナルコンシェルジュというサービスがあり、外国人が滞在中のエンターテインメントや観光、レストラン予約の代行などを行っています。その際の食事のリクエストに、ベジタリアンやヴィーガンがかなり多いのです。

「和食」は無形文化遺産に登録されていますが、ベジタリアンやヴィーガン、アレルギー対応において、日本は世界基準ではありません。おそば屋さんでも出汁が動物性のため行くことができず、精進料理はパーフェクトなヴィーガンですが、夜が早いため旅行者には不向き。プランニングに苦労がありました。

宗教的な側面もありますが、海外ではたとえステーキハウスでもベジタリアン向けのメニューを用意しています。多くの海外企業の飛行機では、機内食も予約なしでベジタリアン食を注文できます。

２０１９年にロンドンへフラワーショーを視察に行った際のことです。例年であれば店舗が競ってお花の装飾を施すのですが、今回はプラスチックで汚れた海を表現する店舗があったりと、ＳＤＧｓへの取り組みが至るところで感じられました。

ロンドン中心部のハイドパークエリアには、オーガニックのお店やサラダをメインに出すお店がどんどん増えています。

今年のテーマは Under the sea

一番目立っていた作品

高級住宅地のマリルボーンで日曜だけ開催されるファーマーズマーケットを取材すると、最近はお肉、特に牛肉が売れないということでした。これは好き嫌いの問題ではなくて、今後の世界環境のことを真剣に考えている若者が増えたためです。

また、プラスチックをまったく使わないオーガニック専門のスーパーが人気でした。ラップもサトウキビからできていて、野菜のネットも綿素材なのです。

欧米で一番多い食品ロスは、実はパンの耳らしく、食品廃棄はベーカリー

海洋汚染問題への警告

が抱える問題です。
イギリス人のトリストラム・スチュワートさんは、今日のように食品ロスが話題になる前からこの問題に対する活動を続けていて、日持ちのしない利益率の低いパンをクラフトエールという長期保存でき、利益も出るビールに変える方法を発見しました。

２０１６年には「トースト」という名を冠したモルトとイングリッシュエールをロンドンのレストランやオンラインで販売しています。スタートから15ヵ月で3・6トンものパンを再利用したのです。しかも、たった3人で。このアイデアは、いまや世界中に広まっています。

イギリスで40店舗以上展開するベーカリーチェーン「GAIL's（ゲイルズ）」が売れ残ったパンからつくった「リサイクルブレッド」も人気です。滞在中に何度かトライしましたが、結局いつも「リサイクルブレッド」が既存のパンより先に売り切れになっていて買えずじまいでした。買い手の意識の高さが見えますよね。

このように、イギリスや欧米などを取材して改めて世界の基準を認識し、2018年後半からノハム協会のベースとなるオウンドメディア『NOHARM（ノハム）』(https://www.noharm.jp/)の構築に集中しています。結果的に新型コロナの影響で延期になってしまいましたが、東京オリンピック・パラリンピックの際に、日本の食文化を世界レベルに引き上げたいという思いがあったからです。

「ノハム」とは、Harm（害）がNo（無い）=無害という意味です。言い換えれば悪い影響をもたらさない、そして誰も傷つけないという意味があります。「無害」を英語にすると、Harmless（ハームレス）ですが、ホームレスと聞こえがちなので、無害を表現するのにNoharm（ノハム）としました。

『NOHARM』は、ベジタリアンやヴィーガン、グルテンフリーなどのアレルギーに対応したメニューを提供している厳選した飲食店を取材し、掲載していくレストラン紹介サイトです。2020年中に月20万人を超える方に訪れていただくサイトに成長させていきます。今後ますます注目が高まるでしょう。

言語も英語、スペイン語、中国語に対応しているので、2021年に延期されたオリンピック・パラリンピックや2025年大阪万博時には、SDGsの貢献度を数値化できるサイトへと成長を遂げたいと思っています。

外食産業を救うSDGs

世の中では誰もが知るべき大切なことが、意外に知られていなかったりします。病気と食の因果関係については、1977年にアメリカで公表された「マクガバンレポート」が、日本でも科学的根拠に基づいた予防ガイドラインを国立がん研究センターが発表しています。

ガンになったり、脳梗塞になったりした時に、生活習慣との因果関係は明白でも、直接的な原因が特定されるわけではありません。交通事故なら加害者と被害者ははっきりしていますが、食事に含まれている添加物や残留農薬が病気を引き起こしたことは、可能性として示唆されるだけです。

添加物や化学物質などは有害とはわかっていても、確実に病気を引き起こすという科学的根拠が示されていないものに、私たちは無関心になってしまいます。経済成長に集中するあまり、これまで企業は商品開発において健康や安全を優先させてこなかったのではないでしょうか？

そうした企業エゴが引き起こす健康被害に対して、企業が倫理観と責任感を持って行動することは、ＳＤＧｓへの貢献につながるのです。


外食産業がＳＤＧｓに取り組むきっかけとなり、持続可能な飲食店であるという認証を受けることは、ビジネスを行う上でも有利に働く、と私は考えました。

食べることは人生での楽しみの一つであり、食品は健康や地球環境への影響がとても大きいものでもあります。

このような経緯から、一般社団法人日本ノハム協会は誕生しました。食品安全マネジメントに関する認証制度と国連ＳＤＧｓの組み合わせによる世界初の認証機関です。

外食産業の市場規模は、２０１９年には約25兆８０００億円でした。これはインバウンド観光客や法人交際費の増加の下支えによるものでしたが、２０２０年に事態は急変しました。

新型コロナによって多くの外食産業が打撃を受けました。そして、この影響はこれから1、2年は続くという専門家もいます。状況に合わせながらデリバリーに力を入れたり、物販に頼ったりしながら、経営方針に悩み、眠れない日々を過ごす経営者も多いと思います。

たとえ終息に向かったとして、それに安穏として以前と同じ経営をするだけでいいのでしょうか？　それは明治になったのにまだ髷を結い、刀を携えているのと同じようなアナクロニズムです。

ＳＤＧｓというキーワードが、ニュースや新聞に出てこない日はもはやありません。一方で、飲食店のオーナーさんと話をしていると、「ＳＤＧｓなんて私たちには関係ないし、だいたいそれってなに？」と言われることもしばしばあります。

それもそのはず、各地でＳＤＧｓフォーラムはたくさん開催されていますが、その多くは省庁や有名企業からの有識者、大学教授などエリート的な方々が大企業目線で語っているものがほとんど。日本の99％以上が中小企業であるにもかかわらず、です。

ともすれば、これは中小零細企業には関係のない話だと思いがちになります。

そこでもっと自分ごととして身近に感じ、特に中小企業がＳＤＧｓに取り組むきっかけになることを願い、私たちはＳＤＧｓの貢献度が可視化されて認知されるための仕組みとして、ノハム認証を考案したのです。

ノハム認証で得られる5つのメリット

２０１５年に国連で採択された17の開発目標は、「未来の子どもたちがもっと安心安全で生き生きとした社会において、心と体が豊かな人生を送ることができるように、自然の摂理や秩序に配慮しながら生活するにはどうすればいいのか」が示してある「道しるべ」なのです。

２０３０年には世界中の誰一人取り残さず、**経済・社会・環境の「三方よし」**の精神が事業の基盤となります。どの企業もいますぐＳＤＧｓに取り組まなければ置き去りにされてしまう段階にきています。企業がＳＤＧｓに取り組むことは**もう一つの「三方よし」である経済力・幸福感・健康**が手に入る近道でもあります。

コロナ禍で享受した多くの示唆を、いまこそ経営に反映する時です。大気や海洋、土壌などの地球環境を守らない限り、なにをしても人の生活は安心安全で豊かになることはありません。

ＳＤＧｓに貢献した分は因果応報で、自分たちの会社に３つの資産「経済力」「幸福感」「心と体の健康」として返ってきます。

取り組むためには特殊な技術も不要、余分な人員を抱える必要もありません。ＳＤＧｓの考え方を日々の業務や工程に取り入れるだけでいいのです。

「ＳＤＧｓに取り組みたくてもなにから始めたらいいの？」

「自社の業務にはたしてＳＤＧｓを導入できるのだろうか」

そんな多くの不安や疑問がある企業に向けて、日本ノハム協会では17の開発目標と１６９のターゲットに取り組むためのマニュアルを準備しています。

このマニュアルに沿って進めるだけで、自然にSDGsに取り組んでいることになるのです。

難しく考えがちな17の開発目標と169のターゲットから関連するものを整理し、具体例を示すことで、価値の源泉である顧客満足、食の安全、ロスの少子化、リサイクル・リユース、二酸化炭素削除、働き方などのゴール設計に容易に取り組みやすくすることもノハム認定の特徴です。

例えば、食品添加物を含む食材や遺伝子組み換えの食材、残留農薬を含む食材を使用しない。地産地消の仕入れ。高齢者や妊婦への配慮。食物アレルギーへの対応。リサイクルが可能な仕組み。これらのようにそれほど難しいものではありません。

ベジタリアンやグルテンなどに対するアレルギーに対応するメニューを提供している飲食店は、すでに認証対象です。

食品ロスの取り組みとして、残飯を自己責任で持ち帰ることもこれからは一般化してくるでしょう。

ノハム認証は顧客と企業を信頼で結びつけます。顧客は安心と安全を手に入れ、企業も恩恵を受けるのです。

一つのテーブルでさまざまな食の嗜好の方が集える空間や環境に配慮する上で、週に1~2回はベジタリアンになるという取り組みが、これからもっと増えていかなければなりません。

減農薬や有機、無農薬の食材を採用し、添加物大国・日本を転換させる時なのです。

ノハム認証は企業の運気を上げるための取り組みでもあります。「経済力」「幸福感」「心と体の健康」の3つを環境との調和で手に入れることができるのです。

ノハムで得られる5つのメリット

1. 企業のイメージアップ
2. いい人材を採用できる
3. 経営者が評価される
4. 持続可能な経営につながる
5. 健康になる

ノハムの反響は知識人から財界へ

ノハムの考え方は、高い倫理観に基づいています。

「事業者も消費者も生産物に向き合う」

「生産者は体に悪いものは絶対に使わない」

「事業者は体に悪いものを使った食品を扱わない」

責任は事業者や生産者が背負うことになります。


日本ノハム協会は外食産業だけでなくすべての企業が、世の中をよくするために商品開発を行い、サービスを提供し、従業員が健全な心と体でいきいきと働くことを波及するために存在します。アクションと貢献度を可視化することで、すでにＳＤＧｓに貢献している企業も、取り組みたくても具体例がわからない企業も、「世界の問題を解決するために現在のリソースをフルに活用して他にできることはないか」と、17の開発目標と共に考えるきっかけになります。

一見自分たちの業態には関係がないように目えても、意外な新規事業のヒントになったり、いままでとは違う指標が見えてきます。

内部点検、外部監査の実施により、貢献度を数値化することでモチベーションも上がります。

実際にノハム認証制度の策定をリリースしたところ、意外なほど大きな反響がありました。

面識のないジャーナリストの方が一緒に仕事をしたいとやってきたり、フランスで活躍する星付きレストランのスターシェフが、シンガポールでの高額契約を蹴って、働きたいと申し出てくれました。

これまでシェフの求人には苦労があり、ある有名な専門学校に求人を出した際、昨年まではフレンチ料理人の候補は学生一人に対して37件の求人が集まるとまで言われていました。

また、お子さんが重度のアレルギーの悩みを持つ看護師さんも協力的です。彼女とディスカッションした時に、もしノハム認証によってアレルギーに対応するレストランが増えたら、それは自分の夢が叶ったことになると言って、マニュアルの作成に力を貸してくれることになりました。

有名国立大学の農学部の院生や工学科の学生もインターンとして、ノハムの認定制度の起ち上げに協力してくれています。

有能なエンジニアも概念に惚れたと言ってチームに加わってくれました。

世の中をよくする取り組みには、自然と人が集まります。 いかに世間から関心が集まっているのかを、現在も実感しているところです。「世の中に絶対必要なものなので、応援するから世界に広めてほしい」と、見えない力に後押ししてもらっている気がしてなりません。

こうした動きに**敏感に反応しているのがクリエイターです。** 鎌倉や東京郊外で活躍する、いまをときめくクリエイターたちも日本ノハム協会にとても積極的に携わってくれています。有名クリエイターは仕事を選ぶのです。

財界人や知識人にも大きな反響があります。

一般社団法人日本ノハム協会では理事・顧問として、元アサヒビール会長ＣＥＯで

【第三種郵便物認可】　2020年（令和2年）6月5日（金曜日）　日経MJ

食品・外食にSDGs認証

まず兵庫の菓子メーカー

民間団体、エシカル消費に照準

国連が掲げるSDGs（持続可能な開発目標）を食品や外食にも応用しようと、初の民間の認証制度が始まった。SDGsは大企業を中心に取り組みが進むものの、中小企業が多い食品メーカーや外食産業では対応しきれない企業も多い。認証制度をきっかけにこうした業界でもSDGsの普及につなげたい考えだ。

SDGsは国連が2015年に採択した「持続可能な開発目標（Sustainable Development Goals）」の略。貧困・飢餓の撲滅、健康福祉、環境など17のゴール（目標）と169のターゲットを設定しており、大企業を中心に取り組みが進んでいる。

2月に設立された民間団体の日本ノハム協会（京都市）は、SDGsの認証制度を作り、初の認証を洋菓子製造のパティコ（兵庫県西宮市）に付与した。

認証を受けるには協会の審査をクリアする必要がある。まずは自社の取り組みを事前に用意されたチェックシートに書き込み、協会の審査担当者からヒアリング審査を受ける。

例えばフェアトレードの原料を使用していたり、食材のロス削減などへの取り組みなどが評価の対象になる。申請から認証の取得までは1カ月程度かかるという。

パティコは無農薬や減農薬の野菜・果物などを素材に使い、製造過程での二酸化炭素（CO_2）の排出削減などの取り組みも評価された。

協会によると既に数件の引き合いがあり、年内に300件の認定を付与したい考えだ。6月にはオンラインでSDGsに関するセミナーも無料で開催する。

企業側も認証のメリットは大きい。環境に配慮した商品やサービスを求める「エシカル消費」が広がりつつある。認証を受ければ商品のパッケージなどに認証を明示でき、こうした消費者層にアピールできる。また、協会のホームページでは認証を付与された企業の取り組みを紹介しており、知名度向上にもつながるという。

「ノハム」は「No Harm（害が無い）」の意味で、協会の理事には前京都府知事の山田啓二氏やアサヒビールの元会長の福地茂雄氏らが名を連ねる。福地理事は「食品安全マネジメントの世界標準を国内外に浸透させたい」と話す。

（逸見純也）

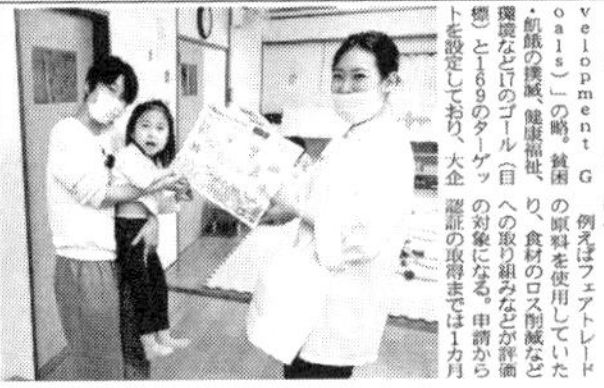

パティコは地元産の素材を使った洋菓子を保育園に寄付するなどの取り組みも評価された（5月18日）

SDGsの主な目標
2030年までに飢餓を撲滅し、全ての人々が安全で栄養のある食料を得られるようにする
2025年までにあらゆる種類の海洋汚染を防止し、大幅に削減する
2030年までに、安価で信頼できるエネルギーサービスへのアクセスを確保する

パティコ西宮LABO（西宮市津門仁辺町）が
日経MJ記事にて取り上げられました。
（©日経MJ 2020年6月5日付朝刊）

日本ノハム協会の取り組みが『日経MJ』に掲載された

元NHK会長の福地《ふくち》茂雄《しげお》さん、前京都府知事の山田《やまだ》啓二《けいじ》さん、そして京都大学医学部名誉教授で医学博士の小西郁《こにしいく》生《お》さんに就任していただいています。

認定制度を起ち上げる上での事務的な手続きは、元大手新聞社でNPO団体の認可などにもかかわったことのある方が協力してくれています。

そして、この設立の記事が『日経MJ』にも取り上げられました。

また、この取り組みを前国連大使の吉川元偉さんにお伝えしたところご賛同いただきました。この詳細は第4章でご説明したいと思います。

環境最優先の経済システムへ

ノハム認証を始めるにあたって、私たちは食からスタートすることにしました。SDGsの達成目標年である2030年までに誰もがアクションを起こせるテーマは、食と健康だと考えたからです。

2025年の大阪万博のテーマは「いのち輝く未来社会のデザイン」。目指すものとして、SDGsへの貢献となっている「食」や「緑化」がフォーカスされる予定です。**食と健康なら、誰一人取り残さずに皆が理解できます。**身近なテーマである食と健康からスタートすれば、個人や家庭まで幅広い人に関心を持ってもらえるでしょう。

認証に関しては、食の安全が担保されたものに認可を与えていくことになります。食材に対して産地と生産者が明確であること、肉や野菜、しょうゆや味噌などの調味料まで生産者と流通のトレーサビリティ（生産・流通過程が追跡できる仕組み）を確立することが認定の条件になります。

地産地消も重要な要件です。伝統野菜や地域に根ざした品種など農協の販売ルートに乗っていない、地元でしか生産・消費されない品種がたくさんあります。そうした地元の食材を使うことを進めていく。それは地元企業のためでもあります。

京野菜がおいしいからといって東京で使おうとすれば、京都から輸送しなければなりません。輸送すればその分、二酸化炭素が排出されます。それはＳＤＧｓの考え方にマッチしません。東京であれば、埼玉や千葉、神奈川などの関東圏で穫れる食材を使うことが好まれます。

これはいままでとは逆の動きです。環境負荷を抑えることを第一に考えれば、いままでのような形での経済発展は見込めないでしょう。

新型コロナによってこれまで想像されていた未来は終わりました。新型コロナと共存できたとしても、いつ同じような未知のウイルスが現れるのかわかりません。

グローバリズムは衰退し、世界中がある意味で鎖国のような状態が繰り返し起きることになります。ということは、鎖国しても何ら問題のない日本をつくらなければなりません。

これからは**地球環境や自然の持続性を第一にした経済システムが構築される**ことになるでしょう。それは生命の本質であり、これまで軽視されてきたことです。

その痛みを分け合いながら、江戸時代のような循環社会を実現することがこれからの時代の必然と考えます。

日本は世界中から食材を買ってきましたが、それができなくなります。「食材のバリエーションがなくなり、食卓が貧しくなっていくのではないか」と懸念する人がいるかもしれませんが、私はそんなことはないと思っています。日本には地元でしか消費されてこなかった高品質の野菜や魚、肉がたくさんあるからです。

例えば、ほうれん草をスーパーが仕入れる際、経済効率からほぼ同じ品種が選ばれてしまいますが、それが地産地消を困難にしています。

スーパーに並ばないだけで、日本にはたくさんの種類のご当地ほうれん草がありま す。ほうれん草の葉っぱ一枚でも、育て方や品種で味や含まれている栄養素に大きな違いがあるのです。

そうした地物のバリエーションを利用すれば、これまでとはまた違う料理が組み立てられるのではないでしょうか。

ノハムはSDGsをわかりやすくする

SDGsの「17の目標とその実現のために必要な169のターゲット」という命題は、一般的には伝わりにくいかもしれません。例えば、目標14「海の豊かさを守ろう（海洋と海洋資源を持続可能な開発に向けて保全し、持続可能な形で利用する）」に付随するターゲットは10個あります。

14・1　2025年までに、海洋ゴミや富栄養化を含む、特に陸上活動による汚染など、あらゆる種類の海洋汚染を防止し、大幅に削減する。

14・2　2020年までに、海洋および沿岸の生態系に関する重大な悪影響を回避するため、強靱性（レジリエンス）の強化などによる持続的な管理と保護を行い、健全で生産的な海洋を実現するため、海洋および沿岸の生態系の回復のための取り組みを行う。

14・3　あらゆるレベルでの科学的協力の促進などを通じて、海洋酸性化の影響を最小限化すべく対策を講じる。

このように10までのターゲットが続いていくわけです。とはいえ、あまりに大きすぎるテーマで、正直、なにを言っているのかまるでわかりませんよね。

例えば、ターゲット14・1が掲げている海洋汚染の防止は、なにが言いたいかはわかります。しかし、２０２５年なんてほんの5年後です。いまからわずか数年で、あらゆる種類の海洋汚染を防止する――。そんなことが可能なのでしょうか？

実現の可能性があるからこそターゲットなのでしょうが、科学者でもなく大企業勤務でもない人たちが、ターゲット14・1に対してなにができるのか、まったく想像もつきません。

ターゲット14・1の場合、個人でできることは合成洗剤の使用を極力やめること（合成洗剤に含まれる界面活性剤は海を汚染します）、プラスチックのスクラブ入りの歯磨き粉や洗顔料を使わないこと（プラスチックの微粒子は魚に悪影響をおよぼします）、ビニール袋やプラスチックストローを使わないこと（海に流れると魚やクジラのような海に住む生物を殺すことがあります）などがあります。

しかし、ターゲット14・1を読んで、「よし、洗剤を使うのをやめよう」となるのは、かなり環境問題に詳しい人でしょう。もっとわかりやすく噛み砕いた表現で訴える必要があるのです。

そこで日本ノハム協会では、17の目標と169のターゲットに、一般の人たちが理解できる簡単な事例を挙げながら、どういう形で取り組めばいいのかをオーガナイズしていきます。

志の高い優秀な学生やニューヨークでサステナブルなアートを勉強したSDGsの資格保有者など**若い世代が自分たちの言葉でわかりやすくイメージをつかみやすいように表現し、SDGsに取り組みやすくチェックシート方式でゴールが見える**ことがノハム認証の特徴です。高校生や大学生でもわかるように、彼らの視点で書き換えています。

子どもたちが住みやすい未来の社会をどうつくるかという話には、いまの若い世代が乗ってきやすいのです。

これを広く世の中に広げたいと願っています。実際にノハム認証を取るには、どのような準備と対応が必要で、どのようなメリットが得られるのかを、まずは飲食業界に伝えたいと考えています。

「うちには関係ない」とか「コロナ禍でそれどころでない」と思っている事業主さんや、ＳＤＧｓという言葉自体を知らない人もまだいることでしょう。そういう人たちに、「他人事ではないんだよ」「仕事に直結するんだよ」ということをわかってもらいたいのです。

食品メーカーさんの反応は驚くほどで、「ＳＤＧｓに取り組みたかった」「ノハム認定商品を開発したい」と意欲的な声が多いのは嬉しいことです。

ノハム認証の基準とは

ノハム認証される飲食店とはどういったものなのか。それを伝えてくれる店舗が永田町にあります。レストラン「Noeud.（ヌー）」は、高いレベルで認証を取得した東京エリアのノハム認証レストランです。

ノハムの食と聞いても、ピンとこないと思います。しかし、実際にノハムの食事を体験できるところがあれば、みなさんの理解も深まりますし、世の中のレストランのヒントとなるでしょう。

おいしい食材を調理して高く売ることとは、一定ランクの飲食店であればどこでもできます。値段は高くなりますが、ブランド牛や白トリュフ、キャビアなどの高級食材を使えばおいしいに決まっていますよね。

では、新しい命、環境、未来につながる食とはなんでしょうか？

「Noeud.」の中塚シェフは、「循環農業、自然農法、家畜の無投薬飼育などを行っている未来へ向けて同じ思いの生産者さんや、小さくても自家菜園の延長上で愛情いっぱいに育てた個人農家の方々が生み出す食材には、確かな光があり、魂があり、食材の持つ本来の力が満ち溢れています」と語ります。

防腐剤や農薬を使わなくても、これらの食材は確実に長持ちします。それこそ、食材に生命が宿っている証なのです。

さらに、「Noeud.」では枯渇状態にある魚や海の資源を使いません。ノハムにおける食とは、食の分野でサステナブルな環境を維持するという価値観にどこまで挑戦できるかということであり、その上でおいしさを追求します。**地産地消にこだわり、高級であることよりも環境負荷が小さく再生産可能な食材を使うレストラン**です。

食材で使う肉はジビエが基本です。獣駆除狩猟、害虫駆除という観点も含めてジビエを推奨しています。

もちろん、ヴィーガンやアレルギーへも高い基準で対応しています。

メニューには「椎茸　セロリ」と素材だけが書かれています。

セロリは有機自然の畑で、土も食べられる土壌で育ちました。根っこにも栄養素がたっぷりと含まれており、すべて丸ごと調理できます。捨てるところなど一切ありません。

国境封鎖が解除となった際には、インバウンドの観光客でまた日本は賑わうことでしょう。世界中からヴィーガンやベジタリアンが訪れるでしょう。そして、日本の食の嗜好もどんどん変わる気配があります。インフルエンサーたちがそのようなキーワードに興味を持ち始めているのです。

映画を見たり、オペラを鑑賞したりして、美しい言葉に出会うと人は感動し、時には涙を流します。「Noeud.」は大地と自然と太陽の恵みを感じ、食に対して感謝をするような、忘れていた大切なことを再認識させる感動のレストランです。

食材の安全性、地産地消はもちろん、ナプキンも土に還る生分解性の素材を使用し、ユニフォームも綿のみを使うなど、ここではノハムとはなにかがしっかりと表現されています。

「Noeud.」の店舗は、仲のいいご夫婦が34年間フレンチレストランを運営されていた場所でした。後継者がいないこと、ご高齢になられたことを理由に2019年末でクローズをされたのです。その長年の思いを継承すべく、店内で使えるところは残し、大切なスピリットは受け継いでいます。

店内にあるすべてのものが17の目標にリンクしています。壁はフレンチレストランでは通常使われない、再生可能な聚楽の土が使われています。

レストランのシェフはベジタリアンの中塚シェフ、フランスから招いたスターシェフがスーシェフを務めます。フランスは元々地産地消やオーガニックが食の基本の国です。ノハムとわざわざ言わなくても、そのコンセプトは体に染みついています。

シェフが自ら中心になって店の設計にも立ち合い、施工業者もSDGsを深く理解した上で、サステナブルな工法により嘘偽りない世界観を内装で表しました。土を空洞をつくらないように固める版築という日本では飛鳥時代から伝わる伝統的な工法です。

ノハムはSDGs版ミシュラン

ノハムが認証するレストランで使う食材は、体に害のないものを使っています。早い話が**ノハム認証を受けたレストランで食事をすると、人と地球が健康になる**というわけです。

オーガニック後進国の日本では、有機ＪＡＳマークの認定を農林水産省が行っていますが、取得するのに年間10万円かかります。そのわりには、消費者の間でその価値の認識が広がっていません。実際に有機作物を栽培する農家でさえ申請することはほとんどなく、正式な有機農産物を栽培しているところは日本の農家の０・５％。申請していない農家を入れても２％ほどです。

一方フランスでは、有機農業に転換する農家が増え続けており、２０１８年には過去最高の５０００軒が有機農業に転換し、有機農家の比率は全体の10％に迫っています。これはアジャンスビオ（フランスのオーガニック農業の発展と促進を業務とする公的な団体）のような団体がないこと以前に、日本の認証システムの複雑さに原因があると農業ジャーナリストたちは話しています。

シェフが生産者に直接会いに行き、有機ＪＡＳ認証の有無にかかわらず、その生産者がなぜ無農薬や有機農法を選んだのか、どういう思いで農作物や家畜を飼育しているのか、これまでのヒストリーや歩みをうかがうことも重要です。

大切に育てられた野菜や動物の幸福感を糧とし、感謝して食としていただくことで幸せの循環となります。ＪＡを通さずに生産者と直接取引をすることで、適正価格の有機野菜を仕入れることができます。

旬の野菜を使うので、ハウス栽培で温度調節した季節外れの野菜を使うようなことはありません。太陽の恵みや水、そして風など自然を大切にした露地栽培の野菜は力強く、土から力をもらった濃い味がします。また、栄養価が高く、鮮度がよくて、価格も安いというメリットがあります。飲食店としては、メニューに取り入れない手はありませんよね。


安全な食物と健全な心と体はリンクするのではないでしょうか。

シェフにとっては、生産者まで足を運んで買いつけることは手間と時間のかかる大変なことだと思います。しかし、「Noeud.」の中塚シェフのような若い世代のシェフたちはそれを手間とは考えず、自信を持って仕事をするための最低の条件ぐらいにしか思っていません。

彼らはいままでのレストランのように、市場を通した食材を仲買から買うということに疑問を持っています。これが本当においしい野菜なのか、本当においしい肉なのか、疑うことで見えてくる真善美があるのです。

「SDGsを取り入れノハム認証を取ることは、未来を生きる人たちのために、おいしい料理を出したいという料理人の思いと合致する」と答えてくれたシェフやオーナーたちと出会えたことは、ノハム認証を拡散させるモチベーションにもなります。

これまでは、レストランがおしゃれである＝内装外装のデザインの先進性やムーディな雰囲気、新奇な素材や加工の料理を指していたと思います。

SDGsを軸にすることで、いままでとはおしゃれの基準が変わります。サステナブルな空間や再生可能な資源の活用などの優先度が高くなるのです。

オーガニックなコットンでナプキンをつくることや、リユースの食器、捨てるはずの流木などを使用したカトラリー、鉛の代わりに木炭のアルカリ成分を原料としたクリスタルのグラスなど、有名ブランドよりもノハムな選択をする。そこから生まれる新しい食文化を体験する場所が増えていく。それを考えただけでもワクワクします。「Noeud.」の床も、壁も、ほとんど土でつくられています。なぜ土かといえば、実は古い日本家屋を取り壊した際に出た土を使っているため。つまり、建材を循環させているのです。

ＳＤＧｓの概念を広げることは、いまのスクラップ&ビルドが当たり前の日本を変えることにつながるかもしれません。

ミシュランの星が欲しい飲食関係者は多いでしょう。ミシュランの星を取れば、料理人としてのステータスと上質な顧客の両方が手に入るからです。

ノハム認定によって、ポストコロナ時代のある意味でのミシュラン、つまり未来に貢献する料理人というステータスと新しいマーケットが手に入るのです。

ノハム認定制度は食の分野からスタートしますが、同時に住宅、いずれは介護施設や保育、さらにはすべての中小企業にも範囲を広げていきます。

サステナブル建築やサステナブルな家づくりという表現が聞かれるようになりました。住宅関連はＳＤＧｓとのかかわりが深く、壁紙一つとっても無添加の自然素材を利用することで安全性が守られたり、時間が経つほどその味わいが増し、風合いを感じながら価値を保つことができます。廃材を出さない、あるいは廃材を利用するなど、循環型社会にふさわしい形の住宅のあり方が求められています。

環境に負荷を与えず無理なく持続できる社会へ、サステナブル建築がライフスタイルを通じてエコ力を高め、未来の生活の質を適度に維持し、向上させていくことになるのです。

介護施設に関しては、自分の親や私自身がお世話になる際のことをイメージした時に、人生の最後を過ごすのに理想的な施設がなかなか見つからないことに愕然としています。団塊の世代が全員75歳以上になる２０２５年には、施設の需要がマックスとなり以降は淘汰が起こります。

人の尊厳を守り、介護する人、される人がともに幸福感を感じることのできるユマニチュードメソッドを採用した介護施設を増やし、劣悪な環境の施設は変わらないと生き残れない世界をつくることも、ノハムの使命だと考えます。

第3章

SDGsを事業に生かすには？

ＳＤＧｓが会社を救う

ＳＤＧｓを事業にどう組み込んでいくのか、個人としてどう向き合っていけばよいのかをこの章ではご紹介しましょう。ＳＤＧｓは２０３０年までの実現目標なので、それほど時間は残されていません。皆が考え、自分からアクションを起こすことが重要です。

すでに大企業は経営に組み込み、ＥＳＧ（環境、社会、組織管理）が投資の基準になると考えて事業展開を行っています。しかし、それはあくまで経営体制の話で、一般社員まで理解が進んでいるかというと甚だ疑問です。

２０２０年7月1日からレジ袋が有料になり、1枚3円なり5円なりで買わなければならないのです。

なぜこれまでタダだったのに有料になったのか？

これを家庭で考えることが重要です。

日本の企業のほとんどは中小企業。**個人と中小企業が取り組まない限り目標は達成**

できず、日本の未来も暗いままなのです。

経営者はいつも新しいことを考えています。前述の松下幸之助さんの言葉のように、どんなささいなことでも、それが大きな発想のヒントになる人もいれば、なにも気がつかない人もいます。

ＳＤＧｓを目標とした時、自分はなにができるのか、その可能性に気がつくまで、向き合うことが大事だと思います。

ＳＤＧｓの理念を簡単に言ってしまえば、「生まれてから死ぬまでなんの不安もない世界をつくろう」ということです。

差別がない、お金や資源のために人を犠牲にしない、生まれた国のせいで３歳までに命を落とすような医療制度を改める、体に悪いものを安くつくって儲けるようなことはしない。

「そんなことは教科書のお題目だ、お花畑だ」と思う人がいるかもしれません。しかし、みんなで努力することでそれは現実になると思います。

その証拠に、ＳＤＧｓに取り組むようになってから、手伝いたい、一緒に仕事をしたいと言ってくる人が、私の周りに次々に現れています。その趣旨に賛同する人がそれだけ多く、みんなが新しい未来の姿をそこに見ているのです。

ＳＤＧｓを経営に組み込むと、それまでとはまったく違う世界が広がります。私もやってみて初めてわかりました。世の中にはいかに健康で豊かな心を持つ人が多いのでしょう。

私の活動を見て、自社の事業を見直したと言ってくれる経営者も少なくありません。ＳＤＧｓはそれだけ強いコンテンツであり、テーマなのです。

２０２０年からの10年間、ＳＤＧｓに貢献したアーカイブとしても各企業の歴史に刻まれることになるのです。

取り組めば企業イメージが上がる

私は関西と東京を行き来しながら仕事をしていますが、関西の阪急電鉄では「ＳＤ

Gsトレイン 未来のゆめ・まち号」という車両が走っています。

このプロジェクトは、阪急阪神ホールディングスグループで進めており、その一環で同グループがSDGsの目標をイメージしたラッピング車両を走らせていたそうです。

何度か目にしましたが、みんなが仲よく手をつないでいるイラストが描かれた、楽しい電車です。車内広告もSDGs関係の広告になっていました。


化粧品やサプリメント、食品関係でオーガニックやナチュラルといったテーマで活動している会社もSDGsへの反応が早かったです。

私が使っている化粧品、Dr.Hauschka（ドクターハウシュカ）も、人と自然のハーモニーをキャッチコピーに掲げており、必ず最後に地球や自然環境に還る原料を使用してサステナブルな商品づくりを打ち出しています。

エシカルコスメやオーガニックコスメは、使う人が心身ともに健康的で美しく輝けて、地球の環境にも優しい製品として、オーガニックな植物性成分を使用し、科学成分をできる限り排除しています。

そして、フェアトレード（公平貿易）を実践することで、また現地の雇用推進を行うことになり、ＳＤＧｓに取り組んでいることになるのです。

経営者やビジネスパーソンは、ＳＤＧｓに取り組んでいる姿勢をアピールすることが、消費者にとってイメージがいい企業として評価されることに気がつかないといけません。

マネタイズの有無よりも、地球目線でこれからなにをするかによって企業評価が変わる時代なのです。

とはいえ、まだまだ掛け声のみで、具体的なアクションにまで踏み込んでいる企業は少なく、多くは実践すると宣言しているだけです。ＳＤＧｓは地球環境を考える壮大な視点なので、日常の活動と結びつけにくいということもあります。

しかし実際には、小さなところからスタートできます。身近なところからも、すごく簡単に取り組めますし、個人でも手軽に行うことができるのです。

例えば、タガヤでは取り組みの一つとして、従業員にビニール傘の使用を禁止しました。使い捨ての傘を使わせない代わりに、軽量の折り畳み傘を社員全員に渡しています。とてもコンパクトなので、いつもカバンに入れておけます。

100円傘は便利ですが、リサイクルできないことをご存じでしょうか？　金属とビニールが混在しており、使われている接着剤が強力なために分解が難しいのです。また、ビニールの材質も統一されておらず、焼却に向かないパーツも含まれます。そのため、分別しようにも分別できません。

価格が安いために壊れやすく、捨てることにも抵抗感がないのも問題です。つくられた瞬間から非常に短期間でゴミになるという、やっかいな代物なのです。

環境省が提供している「すべての企業が持続的に発展するために ― 持続可能な開発目標（ＳＤＧｓ）活用ガイド ― 資料編」（https://www.env.go.jp/policy/SDGsguide-siryo.rev.pdf）にも、使い捨て製品（紙コップ、使い捨て容器入りの弁当など）の使用や購入の抑制が挙げられています。

これからの時代は使い捨てでは絶対にダメなのです。あらゆる工業製品はできる限りリユースする必要がありますし、この世から使い捨てになるものは全部排除しないといけません。

このように、**ビニール傘を使わないだけでも、企業としてSDGsに取り組んでいることになります。**

「経営者自身がビニール傘を使わないと決める」
「ビニール傘を使わないことでなにが波及するのかを考える」
「社員に向けてメッセージを出す」

これでもうその会社はSDGsへの取り組みを始めたことになります。この程度のことからでいいのです。大切なのは、まずアクションを起こしていくことです。

これからの新規事業は儲かるか儲からないかだけで計ることができません。その事業を始めることがSDGsの方向性に合致しているのかどうかが一つの基準になります。

もちろん利益が出ないと続かないので、利益は出さないといけませんが、そこがポストコロナ時代の知恵の絞りどころなのです。

少し前に流行ったタピオカミルクティーのお店は、インスタ映えがするなどで、つい最近まで若者の行列が絶えませんでした。

しかし、タピオカミルクティーは角砂糖24個分の砂糖が含まれている高糖度でハイカロリーな飲み物です。これをどう捉えるかは個人の問題ですが、もちっとした食感の大きめな粒を吸い上げるために太いプラスチック製のストローがついています。

もちろん「タピオカミルクティーを売るな」と言っているのではありません。ストローを環境に配慮したリサイクル可能な別のものに変えることがこれからの経営者が考えることなのです。

「環境にも体にも悪いものは買わない運動」は、もうそこまできています。

経営者が変われば会社も変わる

高度経済成長の価値観でいまなお経営している古いタイプの企業が、ＳＤＧｓにコミットする新しいタイプの企業に生まれ変わるにはどうすればいいのでしょうか？

これは社長の認識が変わることに尽きます。経営者の発言で会社は一変しますから、まずは経営陣が興味を持ち、経営に生かす方法を考えることから始めましょう。

カニは甲羅に似せて穴を掘ると言いますが、会社も同じです。会社には経営者が思うような人しか集まってこないですし、経営者の器にふさわしい姿になっていくものです。

私が大切だと思っているのは、税金に対する考え方です。

SDGsと税金は無関係に見えますが、税金に対する考え方は公共福祉を自分がどう考えているのかを表しています。

SDGsは持続可能社会を実現するためにどのようなアクションを起こすかという指針なので、公共福祉をどう考えるかが重要になります。

90％の経営者は税金を支払いたくありません。これを否定する人は経営者ではありません。しかし、変えるのはここから。税金に対するメンタリティから変えないとダメなのです。

税金を支払いたくないと思った時点で、その会社は成長しません。会社は経営者の注力する部分が成長していきます。

タガヤの場合、私がウェディング事業と旅行事業をパッケージ化しようと思えば、旅行事業が伸びます。ウェブで新規事業を起ち上げようと思えば、そこに人と資金を集中させます。当たり前といえば当たり前ですが、これを税金で考えてください。

税金を支払いたくない。節税したい。それにはどうしたらいい？

こう考えてしまうと節税のプロになって、大きなこともしなくなるので事業は成長しません。節税だけはどんどん上手になる。そして、新しい時代に取り残されてしまうのです。

「今年は1円でも多く税金を支払いたい」
そう思う経営者の事業は必ず伸びます。

利益を出すということは付加価値の高い商品やサービスづくりに傾倒し、世の中の動きやスピードを合わせていかなければいけません。守りに徹したら、年々ジリ貧になることは目に見えています。

常に時代の流れをキャッチしようというポジティブな思いから、チャンスを捉えることができるようになり、新事業も起ち上がります。

チャンスの神様は前髪しかありません。後ろは綺麗にハゲ上がっているので、目の前を通り過ぎたら後ろ髪をつかむことはできないのです。

タガヤは年に一度、全従業員の前で今年の納税報告をしています。それはすなわち、「みなさんのがんばりで社会貢献ができました」という労をねぎらう報告なのです。


これから変わる世の中には、チャンスが溢れています。

ポストコロナ時代には明治維新や世界大戦に匹敵する大変化が始まるのに、立ち止まって節税することや助成金を受給することに躍起になっていては時代に取り残されます。控えめで謙虚に、利他愛を尽くす時なのです。

これからの社会がどこを目指して、どう変わるのか。それを示しているのがＳＤＧｓであり、事業を通じて、もしくは新規事業を起ち上げるのに際して、ＳＤＧｓを中心に考えることで、企業寿命も個人の健康寿命も延びるのです。

ＳＤＧｓへの貢献度に企業価値が現れる

では、どうすれば経営者の意識は変わるのでしょうか？

人材確保と売上げ拡大は経営者の共通の悩みですが、これもＳＤＧｓと向き合うことで解決できると知っておくべきです。

ＳＤＧｓの目標を見ると、人事に関係する項目に「ジェンダーの平等を達成し、すべての女性と女児のエンパワーメントを図る」、つまり女性が働きやすい環境と平等というものがあります。

また「すべての人々のための持続的、かつ一定レベルの経済成長、生産的な完全雇用および働きがいのある人間らしい雇用を推進する」という目標もあります。

これはどういうことかと言えば、すべての社員が働きやすい環境の会社をつくるということです。

新しい事業の枠組みもＳＤＧｓで規定されています。

「耐久性に優れたインフラを整備し、包摂的で持続可能な産業化を推進するとともに、イノベーションの拡大を図る」と「持続可能な消費と生産のパターンを確保する」です。この目標を自社のリソースと照らし合わせれば、新規事業の方向性が見えてくると思います。

ただし、ＳＤＧｓには国家間の格差をなくすこと、都市開発やクリーンエネルギーの推進など、全世界を視野に入れた大きな目標も含まれています。そこに注目してしまうと、自分の会社には関係ないと考えてしまいます。

「中小企業白書（２０１９年度版）」を見ると、日本の中小企業は３５８万社、大企業は１万社となっています。世の中の企業の99・７％は中小企業で占められているのです。大企業のようなことができないからといって中小企業が動かなかったら、国際的な取り決めに対してなにもできないことになってしまいます。

大企業はインフラがあるので、太陽光発電で自社のエネルギーをまかなうなど、ＳＤＧｓを自然に事業に組み込めます。一方で、中小企業は小さいからこそできることがあって、それぞれが特徴に合った役割を担っていけばいいだけのことだと思います。

大企業は、ある意味で社会インフラなので、設備投資を行えばそれで完成してしまいます。それでは従業員個人個人が知見を得ることにはなりません。

でも中小企業は自分たちが実践しなければ、誰もやってくれません。これは従業員にとってもチャンスだと思います。**新しい事業や新しい体制を始めることができるのですから。特に規模が小さければ、名乗り出れば自分が責任者として参加できます。**

SDGsの目標に無関係な企業も個人もありません。大企業向けの理念にすぎないと思ってはダメです。

「SDGsの項目を見たら難しい内容ばかりで、僕たちが解決できるレベルではないように思える……」

そう考えたらそこで終わってしまうのです。

中小企業は毎年8万ほどの新しい会社が誕生していますが、起業から5年継続する会社は15%、10年継続はわずか5%。8万社の中でたった4000社しか生き残れないのです。

これからはもっと厳しくなるでしょう。

中小企業こそ継続するための最大の方法としてＳＤＧｓに向き合うことが最優先となるはずです。

企業にとっては、売上げや利益のみが目標値でしたが、これからはＳＤＧｓへの貢献度を測ることも重要になってくるでしょう。企業としての価値がそこに映し出されるわけですから。

会社を大きくしたければ寄付をしなさい

古いタイプのビジネススタイルで頭が固まってしまい、ＳＤＧｓの重要性がわかってはいても行動に移せないという人は少なくないでしょう。

財界人が集まる席では、必ずＳＤＧｓの話題が出ます。世界各国・官民連携で取り組む推進円卓会議の話など、トピックスは果てしなくあります。

では、自分が取り組めそうにない開発目標にはどのように貢献すればいいのでしょうか？

まずは、寄付をしましょう。

ふるさと納税も手段の一つです。災害のあった地域を応援する、過疎化で消滅危機にある地域を応援するなどもＳＤＧｓへの取り組みになるのです。

ＳＤＧｓの目標に「あらゆる場所で、あらゆる形態の貧困に終止符を打つ」という内容があります。私たちはウェディング事業が主体なので、貧困に対して事業者として取り組むことは難しいです。

でも寄付をすることはできます。事業から離れたＳＤＧｓの目標については、それを実行しているＮＰＯやＮＧＯに寄付をすることで簡単に実践できます。タガヤでは、営業利益の２～３％程度をＳＤＧｓ関連に絞って寄付に使っています。

貧困関連で寄付しているのは日本のＮＰＯ法人「かものはしプロジェクト」です。

インドやカンボジアでは女性や子どもの人身売買が問題になっています。周囲の人身売買の被害者に対する差別もひどいものがあって、この団体はそうした人たちの支援と貧困の撲滅を掲げて活動しています。

ここには企業としてだけではなく、私個人でもささやかな額を寄付しています。iPS細胞研究基金への寄付も行っています。これはSDGsの目標3.「あらゆる年齢のすべての人々の健康的な生活を確保し、福祉を推進する」にあたりますね。

こちらへは山中伸弥《やまなかしんや》先生がノーベル賞を受賞される前から行っています。寄付をするとiPS細胞研究所の外壁に名前入りのプレートが飾られますが、タガヤのプレートも並んでいます。建築家の安藤忠雄《あんどうただお》さんも多額の寄付をされているそうです。

こうした寄付以外でも、地震などの災害で被害が出たら、額面にかかわらず応援したいという気持ちで、会社から支援団体を通じて寄付し、個人的にはふるさと納税も駆使しています。

寄付に躊躇があるようでは会社は伸びません。逆に言うと寄付をする会社は伸びます。成功した財界人はみんな寄付をしています。寄付をしないとわからないことがあるからです。

偽善であるとか節税になるとか、そういう営利目的を離れて寄付をしてみてください。思ってもみなかったことが起こります。

松下幸之助さんの理念の一つ「たらいの法則」。たらいに張った水を手で自分の方にかくと、水はたらいを伝って外に逃げていってしまう。逆に水を前に押し出すようにかくと同じようにたらいを伝って自分の方に返ってくる。幸福を独り占めしようとすると逃げてしまうが、相手に尽くせば自分の元に戻ってくるという、元は二宮金次郎《にのみやきんじろう》が説いた教えです。寄付を考える時に、この言葉を思い出さずにはいられません。

SDGsを考えるチームをつくろう

具体的にSDGsはどこから始めればいいのか、ご紹介していきます。

まずSDGsの入門書や国連、NPO、政府などのSDGsガイドに目を通し、全体をつかんでください。次に17の目標を並べてできそうなことを選んでみましょう。17の目標には立場によってさまざまなコミットが可能です。「これが正解」というものはありません。

「みんながそれぞれの立場で答えを探す」

それがＳＤＧｓの目的でもあります。

家の中やオフィスにＳＤＧｓのカラフルなマークを貼るのがおすすめです。いつもそれを見ながら、なにができるのかを考える。本気で考えれば必ず答えに導かれます。私は17の目標が書いてあるランチョンマットを使っています。食事のたびに嫌でも目に入りますから、ごはんを食べながらなにができるのか考えます。

社内でどう始めるのかと言えば、一番いいのは**ＳＤＧｓを考えるチームをつくることです。できればさまざまな世代をゴチャ混ぜにしたチームをつくります。**

新人類と呼ばれていたバブル世代（１９６５〜７０年生まれ）、団塊ジュニアやポスト団塊ジュニアを表す氷河期世代（１９７０〜８２年生まれ）、優秀な人材が多いと言われるプレッシャー世代（１９８２〜８７年生まれ）、仕事よりプライベートが大切なゆとり世代（１９８７〜２００４年生まれ）――。各世代の多様な意見と視点で自由に発言し合うこともまたＳＤＧｓなのです。

そんなチームを各事業所でつくっていきます。事業部がたくさんある企業の場合は、それをきっかけに垣根を越えて結束することができます。

人材の活用という点からも、このような新規の取り組みは有効に働くでしょう。年齢は関係ありません。やりたいと思ったら、どんなポジションの人でも参加できます。

いままで社内であまり目立っていなかった人が、ＳＤＧｓ事業部で力を出せるケースもあると思います。若い世代も自分で発案したことが採用されるとうれしいので、積極的に取り組んでくれます。

タガヤでは社内報に、若手がＳＤＧｓについて考える座談会の様子を掲載しました。社内報でＳＤＧｓへの取り組みをインフォメーションすることは、新人の採用の時にも効果的です。「こういうことに取り組んでいます」と明確に示すと、キャッチ能力が鋭敏な若い世代にはよく響きます。

古い考えが染み付いた世代にはなかなか入りにくいものが、若い頭は固定概念にとらわれない想像力を発揮し、なにか新しいものが生まれる可能性が高いのです。

彼らは親がバブル世代だからなのか、割とおおらかです。自分がよいと思えば、素直に取り込むところがあるので、そんな彼らの特性を生かしたミッションにしてあげましょう。

カードゲームでＳＤＧｓを学ぼう

タガヤでは、２０１９年の新入社員の一人をＳＤＧｓのチームに入れてみました。業績があまりふるわない社員だったので、無理矢理入れてみたのですが、これが大正解でした。

彼は人付き合いが上手いほうではなかったのですが、**ＳＤＧｓを説明するために各部署を回ったりするうちにプレゼン能力が身につき自信を持つようになりました。**

タガヤでは業績の上がった社員を毎年表彰していますが、営業部では彼が新人賞を獲得。私としても、人材を活用できて大変にうれしい結果となりました。

そんな彼が持ってきたのが、ＳＤＧｓのカードゲームでした。ＳＤＧｓを理解するために何冊も本を読むのはなかなかに面倒ですし、社員に本を読めと強制するのも違う気がします。

その点、ＳＤＧｓのカードゲームは部署ごとに楽しんでＳＤＧｓの内容を理解できます。ＳＤＧｓの目標達成のプロセスを体験できる「２０３０ ＳＤＧｓ（ニイゼロサンゼロ エスディージーズ）」や地方創生の勉強になる「ＳＤＧｓ ｄｅ 地方創生」など、いくつかの種類があります。

プロジェクトデザインと一般社団法人イマココラボが開発した「２０３０ ＳＤＧｓ」は、日本オリジナルのカードゲームで、国連本部で採用されるなど高い完成度を誇っています。このゲームを通じて、さまざまな価値観の人がどのように協力して、２０３０年にＳＤＧｓの17の目標を達成するのかを疑似体験できるのです。

プレイヤーにはそれぞれキャラクターが割り振られます。★大いなる富（お金が一番大事という価値観を持つ）、★悠々自適（自由な時間があるのが一番幸せという価値観を持つ）、★環境保護の闘士（貧困の撲滅、人と環境の保全のために生きるのがモットー）などです。また、プロジェクトがあり、それを実行するための時間とお金のカードが配られます。

ゲームでは自分のキャラクターに合わせて、プロジェクトを実行しつつ、時間とお金のカードを集めます。キャラクター＝価値観がいくつもあるというのがポイントで、自分の目標を達成するために違う価値観の相手とどう協力するかで勝負が動きます。

カードゲームを新入社員研修や社員教育で活用しているところも多く、セミナーも開かれています。

彼がそうしたセミナーに出席してやり方を学び、各部署に説明して回ったのです。知らないことなので、みんなが聞いてくれます。彼は教える側なので、どんどん自信がついたようです。

カードゲームは社内での認知を広めるためにも、組織をまとめたり社員教育の一環としても、とても使えるツールです。

ＳＤＧｓのチームをつくったら、まずはＳＤＧｓのカードゲームセミナーに参加することをおすすめします。

17色のバッジをつけることから始めてみる

ＳＤＧｓのバッジを活用することも有効です。

「ＳＤＧｓに興味を持っている」

「事業としてアクションを起こしている」

そうしたことを示すために、ＳＤＧｓマークのバッジをつけるビジネスパーソンが増えていて、地下鉄に乗っていてもよく見かけます。

大企業や証券や銀行系の企業では社員に配っていますし、自治体の職員や政治家にも17色のレインボーリングを胸に光らせている人を多く見受けられます。

内閣府は「地方創生ＳＤＧｓ」（＝地方創生に向けた自治体ＳＤＧｓ）という計画を立てて、地方自治体がＳＤＧｓに基づいた都市計画の策定を行うよう働きかけています。モデル事業に選ばれると日本型のＳＤＧｓモデルとして世界に紹介されます。

まだ言葉の意味を知っている程度で、17個の目標を言えるかどうかのレベルでも、

どんな小さなことでもいいのでＳＤＧｓの目標に取り組み始めたら、ＳＤＧｓのバッジをつける。それにより、少しずつ世の中でのＳＤＧｓの認知が広がっていきます。

私が所属する女性経営者の団体のメンバーには、格式のある老舗旅館やお料理屋さんの方々が多くいらっしゃいます。

長年歴史をつないでこられた伝統経営には、食材のこだわり、地産地消、日本家屋のいいところを活かした店舗デザインなど、サステナブルなＳＤＧｓ的要素を、何代にも渡って継承されています。

２０１５年に誕生した新しい取り組みである（海外から来た）ＳＤＧｓを、「ことさらに唱えなくても」とおっしゃるケースもあります。しかし、自社や自店舗だけの行動に留めるのではなく、世に広く拡散することはより大きな貢献につながり、未来がもっとよい世の中になるために必要だとノハム認証にご参加いただきました。

ビジネスの常識が一変する

ポストコロナ社会では**経営者も労働者も、いままで経済成長のために行ってきたことと真逆の動きをしていかなければなりません。**それには、かなり頭のチャンネルを切り換える必要があります。

いままでよかったことが全部ダメになる。では、これからどうすればよいのでしょうか？

SDGsの価値観とは、価値基準を地球目線に置くことでもあります。地球全体を考えることによって世の中がよくなっていくと考えます。

世の中がよくなるというのは、将来に対する不安がなくなるということです。

先ほど例に挙げた世代区分で言うと、私は新人類のバブル世代です。若い頃は大人の世界が輝いていて楽しそうに見え、早く社会人になりたいとワクワクしていました。

子どものころは日本の経済が急成長していて、世の中になんの不安も感じませんでした。景気がいいので、給料が右肩上がりに上がっていく。だから安心して子どもを育てることができました。

いまは介護や財政難、70歳定年、老後2000万円問題など、とにかく先の不安をあおるようなニュースばかりで、未来にワクワク感がないのです。ある意味、少子化も当たり前だろうと思います。そんな世の中で、誰が子どもを安心して産んで育てられるの？　ということです。

誰かが、このネガティブな空気を変えていかないといけません。

ＩＴ業界の人が鎌倉や湘南に移住したり、高知で町おこしをしたりしています。彼らは地方創生をテーマに行動しているのですが、やはり地方は子育てがしやすい。家賃が安く、地域から歓迎されるという恩恵もあって、やらなくてはいけない問題解決に集中できるマインドフルネスを維持しやすい環境のようです。

これからはゆとり世代の彼らに近い感覚が、世の中全体の価値基準になると思っています。

ポストコロナ時代の人事戦略

コロナ不況の前まで、バブル期の求人数を超えたとも言われる空前の売り手市場でした。

しかし**新型コロナによって、一瞬にして買い手市場に変わってしまいました。**これは一過性ではなく、今後の求人市場は構造自体が激変します。

アメリカ型の成果主義やテレワークが一般化し、終身雇用は完全に終了します。会社への忠誠心のようなあいまいなものはなくなってしまうでしょう。

社員と企業の雇用関係も大きく変化します。会社が人材育成をすることが前提だった「新卒一括採用」から、部署ごとに必要な人材を市場から補充する「通年採用」に変化すると思います。

そうした求人市場の変化の中で、若くて優秀な人材を集めるためのキーワードがSDGsです。中高年の人たちはSDGsに本気で取り組むことはできないと思うからです。20代、30代の若い人たちには必要になります。**SDGsを前面に出すことで、**

そうした敏感な若者たちに企業のプラスイメージを訴求できます。いままで採用できなかった優秀な人材を採用できるかもしれません。

ゆとり世代はあまり贅沢をしません。車はいらない。ブランド品もいらない。デートでは割り勘。お金を使わず、とても真面目といわれます。

バブル世代以前は経済力がモチベーションとなり、ブランド品をわざわざ香港やハワイへ買いに行き、コンバーティブルやスポーツカーを好み、ハイファッションでお立ち台に立つような時代でした。

いまは違います。ＩＴ系の若い社長を見ればわかりますが、車はフェラーリではなく機能的なエコカーです。Amazon 創業者のジェフ・ベゾスさんは、ホンダのアコードが愛車で、スーツは着ずに、Ｔシャツとジーパンです。

そういうスタイルがカッコいいと思うゆとり世代にとっても、ＳＤＧｓはまだ新しい概念で、ほとんどの人は具体的なアクションにつなぐところまではいっていません。

彼らのメンタリティや道徳規範はＳＤＧｓに近いのですが、そこがまだつながっていないのです。そこに関して、事業としてどう取り組むかを提案すればいいと思います。

彼らは真面目なので、これからの未来はＳＤＧｓにかかっていると教えれば、きちんとそれに向き合ってくれます。

ポストコロナ時代には、いい人材を採用するには高い給料や福利厚生の充実では通用しません。彼らには**自分の能力を生かせる仕事かどうかが最重要であり、お金は二の次**なのです。

人材採用でよく重要視されるコミュニケーション能力も、その部分にこだわると、すごい才能を見落としてしまいます。人間関係が苦手でも、プログラミングなら天才的、サイト運営なら天才的、といった人材はいくらでもいます。

いままで日本の企業は世渡り上手が出世して、上下関係や派閥のような人間関係が重視され、能力が高くても人づきあいのできない人は落伍者の扱いでした。

バラエティ番組を何本も大ヒットさせている有名なテレビ局のプロデューサーは、重度の対人恐怖症がある人を自分の右腕として重用しているという話を耳にしたことがあります。時代の流れに敏感なクリエイターは、すでにそうした人材を活用し始めているのです。

いままで切り捨てられてきた人こそ、実は才能溢れる人材だった可能性があります。

少子高齢化が進む中、女性の活躍や定年延長、外国人労働者の雇用などさまざまな施策が打たれていますが、私の個人的な意見としては、引きこもりこそもっとも早急に生かすべき人的資源ではないかと考えています。

すでに引きこもりも40代、50代が現れ始め、親が80代で引きこもりの子が50代という状況になっています。引きこもりの約30％が発達障害であるという統計を内閣府が出していることから、解決法の一つとして発達障害の人に自分を生かせる仕事を割り当てていくことが挙げられると思っています。

「誰一人取り残さない」ということは、こういう社会の問題を解決する方法を探ることにあり、これがＳＤＧｓなのです。

ダイバーシティ＝多様性の実現の一環として、社会的弱者の人たちが能力を生かせる社会基盤をつくることが必須であり、その能力を生かすスキームについては、ノハムにかかわることでアイデアが泉のようにどんどん湧いてきています。

ＳＤＧｓの目標８「すべての人々のための持続的、かつ一定レベルの経済成長、生産的な完全雇用および働きがいのある人間らしい雇用を推進する」の中にある、ターゲット８・５「２０３０年までに、若者や障害者を含むすべての男性および女性の、完全かつ生産的な雇用および働きがいのある人間らしい仕事、並びに同一労働同一賃金を達成する」、ターゲット８・６「２０２０年までに、就労、就学および職業訓練のいずれも行っていない若者の割合を大幅に減らす」は、まさにこうした人材のことを指しています。

自分の好きな事柄や興味のある分野に傾倒しすぎるオタク、すぐには理解されにくい多様な能力を持った方や社会的弱者の方を含めた新しい世代が、ＳＤＧｓを当然のこととして仕事に取り入れていくのではないでしょうか。

ＧＡＦＡはコロナ前からＳＤＧｓを取り入れていた

ポストコロナ時代の企業の姿を端的にイメージできるのが、ＧＡＦＡのビジネスモデルです。Google や Facebook といった超巨大ＩＴ企業連合は、つくるものもビジネススタイルも常に革新的であり続けています。

新型コロナの蔓延で、世界中の主要都市がロックダウンし、大幅な人員削減とテレワークなどの新しいビジネススタイルの模索を始めた中、そのはるか先を見据えているのがＧＡＦＡなのです。

彼らにはコロナの影響がありません。元々テレワークですし、社員は年俸制というスポーツ選手のような雇用形態なので、首を切っても切られてもダメージが小さいし、再雇用もすぐに進みます。

ＧＡＦＡがつくり出すＩＴ技術が、これまでの鉄道や高速道路のような半ば公的なインフラになるので、彼らがポストコロナのビジネスを実現していてもおかしくありません。

ＧＡＦＡの経営形態はＳＤＧｓに沿っています。彼らが新型コロナで大きなダメージを受けなかったということは、ＳＤＧｓは新型コロナのような過去に例のない災害にも強いことを示しています。

では、新型コロナの影響が一番大きかった飲食業界や観光業界はどうなるのでしょうか？

２０２０年春、京都は桜が満開でしたが、桜並木沿いの飲食店に誰一人お客さんが入っていませんでした。こんなに寂しい桜の時を忘れてはいけません。

これからも新型コロナのような大規模な感染爆発や東日本大震災のような自然災害は起こるでしょう。

飲食のようなＩＴとは無関係に見える業界も、ＳＤＧｓを組み入れれば、次の波も、その次の波も乗り越えることができるはずです。

それでは、どうすれば生き残っていけるのでしょうか？

ホワイトカラーではない業種業態では、テレワークが不可能な業種もあります。いくらテイクアウトが増えても、お店に来てもらって対面で飲食を提供することにはおよびません。

　これから数年かけて、業界全体が淘汰されるでしょう。インバウンド頼みのビジネスモデルなど、いままであった業態や企業は一度消えます。そのことは避けられません。しかし、企業家は絶対になにかやりたくなるものです。多くの企業家は、倒産したとしても新しく起業することでしょう。その時にＳＤＧｓの観点を経営の中に組み込まないと、また同じことを繰り返してしまいます。

　大きく打撃を受けた飲食店は、店舗の付加価値を、ＳＤＧｓを使って高めることが必須です。これ以外の方法は短期的なもので継続性がありません。ＳＤＧｓがテーマである２０２５年の大阪万博に向けていまから準備をするためにも、ノハム認証にチャンレンジをしてください。

第4章

中小企業が目指すべき安全で安心な社会

タガヤのＳＤＧｓは食の安全から

本章では、タガヤのＳＤＧｓへの具体的な取り組みについて紹介していきたいと思います。中小企業がいかにＳＤＧｓへ取り組むべきかの参考になれば幸いです。

私たちが取り組んでいる第一は、「食の安全」です。披露宴や会食で出す食事やデザート、そして扱っている引き菓子ももちろんノハム認証を受けています。ベジタリアン対応、オーガニック、グルテンフリー、無添加など、環境負荷の小さな食べ物の生産や普及を手助けしたいと考えています。

28種のアレルギーにも対応しています。

具体的には、ＳＤＧｓの目標２「飢餓に終止符を打ち、食糧の安定確保と栄養状態の改善を達成するとともに、持続可能な農業を推進する」、目標３「あらゆる年齢のすべての人々の健康的な生活を確保し、福祉を推進する」、目標12「持続可能な消費と生産のパターンを確保する」あたりに含まれる取り組みだと思います。

子どもに安心安全なお菓子 Paticoの開発

タガヤがサプライヤーとして採用している「Patico（パティコ）」という兵庫県・西宮にあるパティスリーを紹介します。

企業がSDGsに取り組むと取引業者である、サプライヤーやステークホルダーとの取引も変わります。啓蒙から周知、拡散となり貢献の輪が広がっていくのです。Paticoも2020年に早速SDGsを取り入れて、リブランドしました。新しいテーマは**「未来を担う子どもたちと地球を守る」**です。

消化器系が未発達のために1日3回の食事だけでは必要な栄養素を摂取することが難しい乳幼児にとって、お菓子は重要な栄養補給です。

「自分の子どもに食べさせたいお菓子」をPaticoは常に開発しています。SDGsに貢献したいという思いを企業ミッションにも反映させました。

原材料は吟味された生産者から直接購入。用いられるサトウキビは、完全無農薬&

無化学肥料で栽培、珊瑚石灰岩を含んだ土壌で育ち、ミネラルを豊富に含んでいます。精製された白い砂糖や甘味料、着色料、酸味料、香料、保存料などお菓子に食品添加物は使っていません。膨張剤は微量で、オーガニックのベーキングパウダー（アルミフリー）を使用していますが、焼きみょうばんも第一リン酸カルシウムも入っていません。

添加物に頼らない分、賞味期限は5～7日ですが、この賞味期限の意識もこれからは変わっていくでしょう。

これまでもカロリーを考慮してお菓子を選ぶことはあったと思いますが、原材料や添加物の内容で選ぶことはなかったはずです。

砂糖はお菓子にとって必需品でした。それがいまや砂糖自体が問題になっています。純粋な糖分は血糖値の急激な上昇を招くので、健康によくありません。また、糖分自体に依存性があります。過度な甘味に慣れてしまうと、タバコやお酒と同じで、脳が気持ちよくなるため、砂糖抜きではおいしいと感じなくなってしまいます。味覚破壊です。

これは、ＳＤＧｓの目標３「あらゆる年齢のすべての人々の健康的な生活を確保し、福祉を推進する」に反しています。

食品メーカーに長年勤めていた研究者から聞いた話では、食品開発においてはいかに法の抜け道をくぐり抜けるかを常に考えているそうです。

「この表現ならギリギリＯＫだろう」

「〝減塩〟とコピーに書きたいから塩分を減らそう、でも腐りやすくなるから保存料を増やそう」

「砂糖不使用にしたいから合成甘味料を使おう」

そういう研究をしていたと言います。

企業努力の方向が間違っているのです。ＳＤＧｓの目標に合致した方向で研究する場合、この食品メーカーのような発想は出てこないと思います。

大手メーカーは大量販売して利益を出さなくてはならないので、本当の意味で砂糖不使用無添加のお菓子はつくりません。

それでも、**ＳＤＧｓを取り入れると製造者の意識は劇的に変わるのです。**

一番に優先すべきは子どもに安全な食品を届けること

安全な製品を探すうちにわかったことがあります。食品メーカーが健康というキーワードで生産している商品は、かなりの部分が高齢者用だということです。高圧で繊維を崩して柔らかくした半流動食のような製品ばかりに力を入れています。

高齢者ももちろん大切ですが、私は**未来をつくる子どもたちこそが一番重要だと思っています。これから日本を担っていく子どもたちの幸せを第一に考えるべきです。**

私が子どものころには、コンビニがありませんでした。おにぎりもお弁当もすべて手づくりだったわけです。食中毒の危険性はありましたし、衛生という意味ではいまのコンビニにはおよびもつきません。しかし、食べ物にpH調整剤のようなケミカルな薬品が添加されることもありませんでした。

添加物がすべて悪いというわけではありませんが、安全基準は満たしていると言っても、それを毎日摂取していたらどうなるでしょう。細菌の繁殖を抑えるために薬剤を使い、その味をごまかすために化学調味料を使う――。それらの添加物は体の中に蓄積されていきます。

味覚は12歳までに決まると言われています。12歳までにおいしいと感じたものは一生食べ続けるという研究結果があって、これは、ファストフード業界が子どもをターゲットにしたマーケティング戦略を打ち出した根拠でもあります。

小さいころにファストフードで育った子どもは、一生ファストフード的な味、ハンバーガーやコーラのような強い油脂や甘味をおいしいと感じるようになってしまいます。それがスタンダードな味になるのは、すごく危険なことです。

食文化の多様性が、企業の味にとって代わられる。ケミカルな味に慣れて、それが一般の人々の味覚のベースになってしまうと、いずれ健康被害にもつながっていくでしょう。

安全な食とはなにかを調べるうちに、**「人は食べたものでできている」**と痛感しました。そして、体に悪いと考えられている食品を生活から遠ざけました。私がコンビニのお弁当や駅弁を買わなくなって、かれこれ2年が経ちます。

2年経って感じるのは、無添加で健康的な食事は内臓の負担を減らすらしいということです。あくまで私見ですが、肌の調子がよくなって、クリームを塗らなくてもスベスベです。お弁当だけではなく、他の部分でも食生活の見直しを行っているので、トータルで健康になっているのだと思います。

東洋医学には、「人間の治癒力が100％発揮できる環境を整える」という考え方があります。西洋医学では、風邪で熱が出たら熱を抑える薬を飲みます。対症療法と呼ばれるものです。

細菌を殺す抗生物質やワクチンはともかく、それ以外の解熱剤や鎮痛剤は病気を治すわけではありません。病気のつらさは軽減できますが、病気そのものは治っておらず、むしろ完治まで長引きます。

風邪を引いたら熱を出させる。細菌を減らすために熱を出しているわけですから熱を出したほうがいいのです。熱を出さなかったら細菌は減らず、風邪はいつまでも治りません。

肌の調子がよくない、脂っぽい、毛穴がざらざらしている——。その原因には、肝臓の働きの低下や血流の停滞があるのでしょう。肌のターンオーバーがスムーズに行われていないのかもしれません。

それが、食生活を改善したら、肌の調子がよくなったということは、「体の中の問題が解決した」「食べ物が原因の不調が治った」ということです。

正しいものを食べると風邪を引きにくくなります。たぶんウイルスが増える前に体の力で外に出せるのだと思います。私は、食品添加物などのちょっと間違ったものが入ったものを食べると、すぐにお腹を下すようになりました。

お腹を下すことは「排毒」と言って、悪いものを体の外に出す動きなのでＯＫなのです。

正しい食事は腸内環境を整え、自己免疫力や自然治癒力を高め、心も体も健やかになり、物事を正しく考えることができるようになるのです。

世界の流れから取り残される日本

あまり報道されませんでしたが、東京オリンピック・パラリンピックの誘致が決まった時に、海外から食品関係の調査が入り、日本の基準があまりにも低すぎて問題になりました。

欧米ではオーガニックが当たり前ですから、「日本の食べ物はアスリートには食べさせられない」となったそうです。選手村で一部の国が自国の食材を使うという報道もありましたが、その背景には日本の食べ物が海外のGAP（Good Agricultural Practice＝農業生産工程管理）認証を満たせなかったことがあるようです。

また、日本では安全とされていて使用可能でも、海外では発ガン性のリスクが高まるものとして禁止の添加物も多くあります。

食品添加物の有害性については、専門家の意見は大きく分かれます。実際、1970年代に公害が問題視されていたころに比べれば、はるかに安全性が増しているのは事実です。

食品を扱う企業が食中毒を起こした場合、社会的、経済的制裁は大変なものです。その事業所は3日間閉鎖しなければいけなくなり、メディアでも大きく報道されてしまいます。

一方、食品添加物による健康被害は誰にもとがめられません。すぐに症状が現れないので、因果関係がはっきりしないからです。

そこで、**食中毒を起こさないということが食品会社の最優先事項となった結果、安全で正しい原材料を使うという基本が抜け落ちてしまった**のです。

その結果、どんな食べ物ができたかといえば、25℃の気温下で48時間腐らないようなお弁当です。これは駅弁やコンビニ弁当の基準ですが、そんな高温でも腐らない食品など自然の状態では絶対にあり得ません。それだけ保存料などの薬品を使っているわけです。きっといまの私が食べたらお腹を壊してしまうはずです。

もし危険な添加物を知りたければ、そのような食品を買って後ろの成分表示を見てください。そこに示されているのが危険添加物というわけです。

また、驚きの事実として日本で認可されている食品添加物は他国と比べて10倍以上にのぼります。日本は指定・既存添加物が８００以上、香料などを合計すると１５００品目となります。ファストフード王国のアメリカでも１３３品目、ドイツは64品目、フランスやイギリスは30品目ほどです。

自分でつくったお弁当を丸一日、25℃の環境に置いたら腐らないでしょうか？　普通は半日が限界だと思います。

こうしたお弁当は工場でつくられています。無菌状態に近いところで詰めた上に、さらにｐＨ調整剤という防腐剤を使用して菌を繁殖させません。

食品工場で働いている人は、自分たちがつくっているお弁当を食べないと言います。知人がコンビニチェーンの商品開発をしているのですが、絶対に家族にコンビニのおにぎりやお弁当を食べさせないそうです。

家族や友人に食べさせたくない商品を知らない消費者に売ることが、はたしてまともな商売と言えるのでしょうか？　これが問題の本質です。

ｐＨ調整剤がごはんの上にまかれることで、その匂いや味が子どもの味のスタンダードになってしまいます。お母さんのおにぎりよりもコンビニのおにぎりのほうがおいしいと感じるようになる。それはある種の刷り込みです。

また、おいしい、おいしくないという味覚による峻別は、体にとって必要なものやいいものを選別する大事な機能ですが、食品工学を駆使した味つけは、それを超えて脳を直接刺激します。体に悪いものでも、おいしいと思わせることが可能なのです。

人工甘味料がいい例でしょう。甘い＝高い糖分だからこそ、それはおいしく、しかもカロリーも抑えられます。しかし、甘いだけでカロリーがない人工甘味料は、正常な脳の判断を狂わせます。上がるはずの血糖値が上がらないため無意識に過度なストレスを受けてしまい、バカ食いをしたり、暴力的な行動に出たりといった可能性もあるのです。

これからの企業はモラルと倫理感を持って仕事をしないといけません。ＳＤＧｓのアクションを起こすと、こういう商品は世の中に出せなくなります。その結果、**賞味期限が短くなるかもしれませんが、極めて安全なもので加工する。**そういう方向で商品を出す事業者も増えてきました。

例えば、全国展開している安全意識の高いスーパー「パントリー」や「ラッキー」では、プライベートブランドで無添加の安全なソーセージやおにぎりを販売しています。

価格が高くても安全な商品が食べたいと消費者が願えば、市場構造が変わるのです。いい商品は高い。高いからたくさん食べない。それで食品ロスも減ります。

コンビニや駅に卸しているお弁当やお惣菜の加工業者を、中食《なかしょく》業者と言います。この中食業界でモラルの高い若手女性社長が、安全で安心な食を提供することに使命感を持って取り組んでいるのでご紹介します。

角井食品の角井美穂《かくいみほ》社長は京都府立医科大学の赤坂一之《あかさかかずゆき》特任教授とともに、添加物や化学調味料を使わずいかに賞味期限を延ばすのかという、二律背反の課題を解決するために、真空パックにした食材を急速冷凍・超高圧処理で料理する方法を共同研究しました。

その結果、食材の塩分を少なく、添加物なしの薄い味つけにしても「圧」の力で調味料が浸透して柔らかくなり、**通常であれば「本日中にお召し上がりください」レベルなのに、2週間も日持ちする真空パックの食材を提供できるようになりました。**

これもまさしくSDGsの観点からの商品開発ですね。

個々の意識が未来へとつながる

今度は、ニューヨークで経験したことです。アッパーイーストというエリア性もあるかもしれませんが、雪の日に滑って転んだら、3人くらいが駆け寄って助けてくれました。日本で転んだ時には日本人は見て見ぬ振りをし、外国からの観光客に助けてもらいました。

ニューヨークの親友が出産した時に手伝いに行った際、産後すぐに職場復帰した彼女に代わってベビーカーを押しながら散歩をする私にとって、お母さんを体感する貴重な時間でした。

アメリカでも、ヨーロッパでも、ベビーカーは最優先されます。パンクファッションのようなジャラジャラした一見強面の若者も、反対側の歩道から走ってきて扉を開けてくれるのです。地下鉄にはエレベーターが設置されていないところも多くありますが、見ず知らずの人が当たり前のようにベビーカーを運んでくれます。

買い物に行けばベビーカーを覗いて「God bless you!（天使をまた連れてきてね！）」と声をかけられました。子どもと一緒だったらこんなに幸せな気持ちになるのだと子育ての素晴らしさを実感しました。

グランドセントラル駅で地図を広げていたら（このころはまだリアルマップでした）、「どこに行くの？　大丈夫？」と助けの声がかかります。

私は4月1日の入社式の訓辞で必ず、**社会人として弱者を助け、人の役に立つことの意義と感謝の心を表すことの大切さを伝えています。**「今日から電車でお年寄りに席を譲り、子どもを抱いている人やベビーカーの介添えを喜んでする人となりなさい」と。

新型コロナが感染拡大する以前はインバウンドの観光客が街に溢れていたので、道に迷っている人に「Are you OK?」と声をかけることが社会人の第一歩だと伝えています。英語がわかる、わからないは関係ありません。

また、自分が立派に社会人になれたそのかげに、どれだけ親の助けがあったのかを考えさせ、**親への感謝の気持ちを言葉で伝えることや、初任給はお世話になった人の**

ために使いなさい、ということも話しています。

そういった一人ひとりの優しさが、ひいては日本の未来に大きく貢献するのです。そして、インバウンドの観光客に「日本は親切なところだ」と称賛され、いつまでも訪れたい国として思ってもらうことで繁栄へとつながります。

タガヤのコーポレートメッセージに、「LOVE ONE ANOTHER ～周りを幸せにしよう～」というフレーズがあります。自分の周りを幸せにしたいという思いは、宇宙と調和して見えない力が備わり、「成せばなる」的な強い心を育むことができます。

これから小学校でもＳＤＧｓの教育がスタートします。

強靭な心は人への思いやりから始まります。心ない誹謗中傷で人を傷つけたりしても、そのヘイトな言葉は自分に返ってきます。多様化はお互いのリスペクトがあってこそ成り立つものです。自分の得意なことに磨きをかけ、苦手なことは他の人に助けてもらうというような考えが浸透することを願わずにいられません。

偉大な方々がＳＤＧｓに対し言及しています。特に、２０１９年にノーベル科学賞を受賞された吉野《よしの》彰《あきら》先生は、「若者と考える未来」というテーマでさまざまなところで問いかけられています。

「君たちは将来ＳＤＧｓでどんな貢献をしたい？」

これまでは将来どんな職業に就きたいかという質問だったと思います。ＳＤＧｓの発想の原点はグローバル。国境という概念をなくし、地球全体で考えましょう、ということです。

グローバルとインターナショナルは似た言葉ですが、意味は正反対なのです。昔は「インターナショナルな企業になりなさい」という言葉を使っていましたが、いまは「グローバル企業になりましょう」ですよね。

グローバルの意味は国境をなくすこと、地球全体としていいことをやりましょうということです。インターナショナルはその逆で、国境を強く意識します。自国と他国の関係性を考える、ということです。ビジネスモデルとしては正反対の意味を持ちます。

「地球なんてどうでもいい、自分の国だけ守ればいいという考えもあると思います。どれがいいという話ではなく、環境問題やエネルギーを考えたらグローバルという言葉は大切だと思います」と、吉野先生は語ります。

いまはまだＳＤＧｓの取り組みがそこまでフォーカスされていませんが、これからの若い世代は確実に意識を高くして、貢献について学んでいくべきでしょう。

前国連大使吉川元偉さんとの奇跡の出会い

「ＳＤＧｓに本気で取り組もう」

これが私の使命であると感じた出来事をお話しします。

２０１９年３月31日、私は国際ロータリー第２６５０地区の地区大会に参加しました。中川基成《なかがわもとなり》ガバナー主催のロータリーフォーラムのゲストが元国連大使で現国際基督教大学特別招聘教授の吉川元偉さんと元環境省総合環境政策局長の三好信俊さんでした。この際に改めて17の開発目標と、それに紐づく１６９のターゲットの話を聞き、２０１３年から２０１６年までの国連大使時代に実際の交渉にも関わられた生きたＳ

DGsの話をうかがい、「これだ！」と血が騒ぎました。

私が仕事人生の最後まで取り組む、意義のあることに出会えたと思えた瞬間でした。正直なところ、日本のロータリークラブは男性優位なところがあり、女性が活躍しにくいのが実情です。耐えることが多かったこの会で、初めてロータリアンでよかったと心から思えたのです。

それからどのようにSDGsに取り組むかを考え続け、「ノハム」にたどりついたのです。経営者、従業員、その先のご家族の未来を考え、経済活動と環境問題を共存させることでしか本当の意味での豊かな人生はない。ノハム認証の付与は、そのことを考えるきっかけになるのでは、と考えついたものです。

微力ながら、吉川さんからいただいた激励のお言葉**「継続は力なりでがんばりなさい」**を胸に参りたいと思います。

そして、国際ロータリー第2650地区の中川ガバナーからのご紹介もあり、吉川さんとの会食が叶いました。

吉川さんには、パリ議定書でサインされたペンで激励の言葉を頂きました

ＳＤＧｓの今後に関してアドバイスをいただくことができました。また、２０１６年の国連大使時代にパリ協定でサインをされた際のペンもお持ちいただいたのです。

吉川さんの奥様はフランス人で、玄米、全粒粉を主食とし、主に豆類や野菜、海藻、塩から組み立てられたマクロビオティックを実践されているということでした。砂糖は一切使わないので、２人のお子様もまったくの虫歯なしで育ったそうです。

ノハムに通じるライフスタイルを送られている吉川さんにもご賛同いただき、

顧問としてご指導いただけることになりました。ノハム認証の応援団に著名な方々がなっていただけていることは、私のモチベーションになっています。

真に女性が輝くことができる職場とは

新型コロナで海外の労働力が一切あてにならなくなりました。今後も外国人を労働力として受け入れようという動きは制限されていくでしょう。

新型コロナで高齢者の死亡率が高かったことを考えれば、今後は高齢者も積極的に仕事には出ないように思います。

このように労働力が不足することが予想される中で、ＩＴによる省力化と女性の活用は急務なのです。

現状で、日本のほとんどの企業は政府の言う〝女性が輝く〟とはなにを意味するのかをまったくわかっていません。

ではどうすればいいのでしょうか？

答えはとてもシンプルで、**結婚と出産、育児の流れで断ち切られてきたキャリアパスを、職種や人員を自由に組み替えて維持できるような職場環境に変えればいい**のです。これからは出産や育児が仕事の邪魔になると考える企業や経営者は失格です。

ウェディング業界は女性が前面に出る業種ということもあり、タガヤ社員の男女比はほぼ半々ですが、女性を中心とした人事戦略を立てています。

優秀な人材の確保や離職率を下げるためにも、さまざまな手を打ってきました。そうした私の会社の取り組みは他の業種においても参考になるのではないでしょうか。

離職率はSDGsで下げられる

人事について考える時でも、SDGsが指針となります。

SDGsの目標8「すべての人々のための持続的、かつ一定レベルの経済成長、生産的な完全雇用および働きがいのある人間らしい雇用を推進する」は、開発途上国だけの話ではなく、人手不足に陥るであろう日本の企業も真剣に考えないといけない問題です。

また、私たちのようなサービス業で女性の力が必要な企業は、SDGsの目標5「ジェンダーの平等を達成し、すべての女性と女児のエンパワーメントを図る」にも積極的に取り組む必要があります。

目標8で私たち事業者に求められているのは、**「この会社で働いているとどういう人間になれるのか」**というロールモデルを見せる必要性です。

単に給料が上がることやインセンティブをつけられることでは、人は動きません。人間の承認欲求は時として金銭欲を超えます。

特に今回のコロナ禍のような生存の危機に際しては、お金は役に立ちません。いくらお金を積んでも、新型コロナに感染すれば、一定数は亡くなってしまいます。

そういう死が身近になった時代に、社員を「一人いくらで使える労働力なのか？」という視点でしか見られない企業や経営者は、間違いなくダメになっていきます。

賃金を上げても辞めていく時代へ

コロナ禍で多くの企業がテレワークに踏み切りました。数年後、仮に新型コロナが完全に終息したとしてもこの流れは止まらないでしょう。２０２４～２５年に実現するであろうＩＴ社会を、新型コロナが前倒しで実現したとＩＴ関係者は捉えています。

テレワークが業務の主流になると、通勤時間がなくなるために副業をする人が増えるでしょう。会社などの場所へ物理的に行く必要もなくなります。人事評価も成果主義にならざるを得ません。

社員は会社への帰属意識が薄れ、転職に対して抵抗感がなくなります。ポストコロナ時代はすぐに人が辞めてしまう時代なのです。

「賃金を上げれば人は辞めない」

とおっしゃる経営者もいるかもしれませんが、そんなに簡単に人件費を上げられるでしょうか？

これまで、安い賃金でいかに人を長時間使うかしか考えなかった経営者にはとうてい無理です。人材を大切に扱ってきた会社であっても、人件費が経費を圧迫すれば本末転倒。**お金以外で社員を幸せにするしかないのです。**

また、社員も給料に見合った成果を求められることがわかっています。それは大きなプレッシャーにもなってしまいます。

ポストコロナ時代の経営者は従業員に対して、給料を得るだけではなく、仕事によってお金では買えないものを培えるということを伝えなければいけません。

タガヤでアルバイトをする学生たちには、「私のところで仕事をしていれば、どこでも採用される人材になれるよ」と話しています。ウェディング事業は臨機応変な対応を常に求められる究極の接客業ですから、相手やＴＰＯに合わせたマナーが身につき、ホスト役的感覚で周りに楽しんでいただく、慮《おもんぱか》る力が鍛えられます。

配膳サービスは学生が多いのですが、彼らには「みなさんも将来、日本を背負っていく一人です。だからいまタガヤにいる間に、一所懸命やってください。なんといっても最後はコミュニケーション能力ですから」と伝えています。

実際に、金融関係やシンクタンク、CAなどで活躍する元アルバイトのみなさんが、「限られた時間の中でベストを尽くすサービス精神は、社会で役に立っている」と報告に来てくれています。

AIだろうがITだろうが、最後は人と人とのコミュニケーションです。そういうことをタガヤでは学生たちに感じてもらっています。

やりがいというのはお金を得る以外になにを学べるかだと、私は思っています。

結婚、出産に対応できるキャリアづくり

タガヤに入社した社員で、5年以内に辞める人はほとんどいません。定着率は悪くないと思います。

私は入社式で「5年が一つのスパン」だと必ず言っています。5年経ってから、「転職」

「留学」「独立開業」の3つの道を考えてみるべきだと思っているからです。

いまは寿命も延びています。昔は石の上にも3年と言われていましたが、いまでは5年くらいがちょうどよいと思います。

女性が働く上で避けて通れないのが、結婚と出産です。

タガヤでは結婚を機に退職する人はいません。**結婚を機に辞めるのではなくて、出産を機に働き方をAからBに変えるという形を取ることをすすめていますし、みんな働き方を変えて対応しています。**

例えば、DやEというキャリアまで上り詰めた社員が、出産で勤務時間に制限があるのでAに変えたとします。しかし、6年経って子どもが小学校に入ったため、またEに変わりたい。タガヤではそういうキャリアパスも認めています。

人がそれぞれ持っているポテンシャルがあるので、生活環境でAになったけれども再びEに変える、ということを自分の意志でできる仕組みにしました。

タガヤを辞めたとしても、それで縁が切れるわけではありません。「タガヤメイト」という肩書きで連絡先を登録してもらっています。

タガヤを「卒業」した人たちは、タガヤメイトになります。独立や、転職をしても、お互いに協力できる部分では協力していければいいと考えています。

例えば、雑貨を扱う企業に転職した人とは、引き出物関係で取引をしたり、主婦になった人が時間ができた時にアルバイトの形で手伝ってもらったり、一度できた縁は一生のものとして大事にしていきたいと思っています。

これがこれからのビジネススタイルです。会社を離れたとしても、オーガナイザーとして社外で貢献したり、ダブルワークの対象として前の会社の仕事を請け負ったりと、新しい雇用形態が始まるでしょう。

平日勤務を希望する社員のために、事業部をつくる

土曜日と日曜日に一番忙しくなるのがウェディングの仕事です。

サービス業の人はよくわかると思いますが、レストランにしても小売業にしても、

忙しいのは土日です。

若い人は土曜日、日曜日が仕事でも気にしません。若い時は、どこへ遊びに行くにしても平日のほうが空いてるので、ラッキーぐらいな感じでしょう。しかし、それも結婚して子どもができると変わります。週末に子どもと過ごしたくなるのです。

そうした**子どもを持つ従業員が安心して平日のみの仕事ができる職場をつくる必要がありました。**その職場としてノハム事業部はぴったりでした。

日本ノハム協会の運営を行うノハム事業部は月曜から金曜で稼働しています。そして、ウェブやマーケティングを担う部署も月曜から金曜の勤務です。自社で広告戦略を練るチームが存在するのも、タガヤの武器の一つだと思っています。

こうして土日がお休みの事業部を増やしていき、子どもと過ごしたい時期のお父さん、お母さんたちが安心して働く仕組みを整えています。

子育ては経験しない限り、それがどれほど大変なのかわかりません。いくら教えても難しいと思います。

ですから、子どものいる社員については、子育てが理由で遅刻しようが当日来れなくなろうが、いちいちチェックしたり注意したりしないことにしました。子どもの状態が最優先です。もっと言えば、「保育園がどうこうと言うなら、会社に連れてきなさい」というのが私の方針です。

タガヤの従業員は会社に子どもを連れてきて、空いている場所で遊ばせておくことがよくあります。支配人の膝の上に子どもを乗せて、一緒に仕事するみたいな光景も目にします。そういうことが当たり前にできる社風をつくりました。

「熱が出たら子どもを預けないといけない、けれど今日はどうしても仕事がしたい」

そういう時には、会社に連れてきてもらえばいいのです。幸いなことに弊社には子どもがいる従業員がたくさんいますから、みんなで可愛がっています。

これを会社としてやっていけるようにならないと子どもの数は増えないでしょう。子どもが増えない社会は最悪です。子どものための未来をつくるべく、いまをがんばるのが大人の使命です。

子どもを持つ社員を大切にする

社内に託児所を設けるのも一つの手段だとは思いますが、経営する側の立場からはコスト面での負担が大きいです。

会社の規模が非常に大きく、子どもがいる社員が常に何十人もいる状況なら、運営するメリットはあります。しかし、私たちのような中小企業では、時期によってすごく役に立つ時もあれば、まったく子どもがいない時もあります。自社でそれをまかなうのは現実的ではないと思っています。

会社はその規模なりの対応策を考えないといけません。託児所チェーンと提携するのも一つの手でしょう。タガヤでは業態上、ベビーベッドやキッズルームがあるので、それを利用しています。

結婚式に招待された人が赤ちゃん連れで来ることは珍しくなく、そういう時のために結婚式場にはベビーベッドが置かれています。従業員も赤ちゃんを連れてきて、そこを利用できるようにしました。

最優先すべきは、子どもがいても、「なんだ全然仕事を続けられるじゃん」という現実を次の世代に見せることです。

タガヤの忘年会では、東京、神戸、大阪の社員が全員京都に集まります。その席で一番最初に出産の報告をしています。

「いま、産休を取っている○○さん、無事に男の子が生まれました」

そして、その忘年会にはその翌年に入社予定の新入社員を招待しています。

女性は結婚してからも仕事を続けられるか、出産しても再び戻ってこられるかを不安に思っています。忘年会に同席させることで、お腹が大きくなった社員が「来年から産休に入ります」と紹介される姿を見ると、どんな説明をするよりも安心できますよね。

私は経営者として、「子どもを持つ社員をとにかく優しく親切に」と考えています。

出産手当も1人目よりも2人目、2人目よりも3人目のほうが多くなるようにしています。それによってちょっとでも、もう1人がんばろうか、という思いになって欲しいのです。

「何人子どもがいるんですか？」ときかれた時に、「2人です」「3人です」と答えられたほうが素晴らしいと思います。子どもの数が多ければ多いほど、その人がすごくがんばったということです。

道を歩いていたら、「子どもが3人いるわ。すごいね、尊敬だわ」とみんなから称賛される世の中になって欲しい。自分が子どもを産めなかったので、子育てのお手伝いをしたいと思っています。

資源再利用で最先端を行く真庭市の取り組み

ゴミのリサイクルはSDGsの目標12「持続可能な消費と生産のパターンを確保する」で対処するべき課題です。

この目標では、タガヤとしては地方自治体の取り組みに協力させてもらっています。自治体として資源の再利用においての先進都市である、岡山県真庭市のお話をします。真庭市は全国29都市の「ＳＤＧｓ未来都市」に選ばれています。

「ＳＤＧｓ未来都市」は内閣府地方創生推進室が進めている地方創生事業の一環で、自治体によるＳＤＧｓの達成に向けた優れた取り組みを提案する都市が選ばれ、補助対象となります。

真庭市は中山間地域の地方分散型モデル地域を目指して各事業を進めていて、それらを「ＭＡＮＩＷＡ×ＳＤＧｓ」という取り組みにまとめています。

その一つが未利用木材の使い切りです。真庭市は林業が盛んな地域ですが、間伐材や木材加工の際の端材、かんなくずなどが出ます。いままでは捨てるしかなかったそれら木材のゴミを「真庭バイオマス集積基地」に集めて木質ペレットに加工しています。このペレットで発電する真庭バイオマス発電所の出力は1万キロワットもあり、これは2万2000世帯の消費電力をまかなえる量です。

木材の新たな利用法としてＣＬＴ（Cross Laminated Timber＝直交集成板）工法を積極的に進めています。ＣＬＴは何枚も重ねた分厚いベニヤ板のような木の建材ですが、コンクリートブロック並みに強いので、18～24階建ての木造建築のビルを建てることができるのです。耐震性や耐火性にも優れていて、しかも国内の木材を有効に活用できます。

真庭市は市役所をはじめとして公共建築にＣＬＴを使っています。木造のよさを生かしながら、現代的な利便性も確保しています。

他にもいろいろな取り組みをしている真庭市ですが、私が面白いと思ったのはレタス栽培。地域の主婦が有機農法でレタスをつくって販売しています。「真庭あぐりガーデン」という地産地消のマルシェのような場所もあって、そこに自分たちがつくったものを持ち込んで売っています。観光客が必ず訪れるので、売上げも十分に見込めます。

「まにわっぱ弁当」という新商品を出したり、循環型社会について学びたい自治体や企業相手の研修もやっていたりするほどです。

以前、真庭市の太田昇《おおたのぼる》市長がいる市庁舎を訪ねたことがありました。その時に応接室で出されたお茶のカップも地産地消の木でつくられていて、それもおみやげとして売っているとお聞きしました。

地方自治体の悩みは人口流出ですが、真庭市は流出がなくなり、逆に流入があると言います。いままで真庭市がこんなに注目を浴びたことはありませんでしたが、ＳＤＧｓに取り組んだことで材木屋や加工業者も復活し、さまざまな取り組みを通して市民が真庭市を誇りに思うようになったのです。

これからは、いかにお金を儲けるかではなく、いかに称賛されるかが判断基準になってくるとお伝えしてきましたが、まさに真庭市がいい例だと思います。

ＳＤＧｓに沿った新規事業を行うなら、成功事例である真庭市を目指せば大義名分が立ちます。 機会があれば、是非真庭市を訪れてその目で見ていただきたいですし、ホームページを読むだけでも理解できることは多いでしょう。

地方だからできないではなく、地方だからこそできることがたくさん見つかるのもＳＤＧｓのユニークな点だと思います。

ＳＤＧｓの視点で行う地域への貢献

ＳＤＧｓに取り組みを始めてから、タガヤグループのリソースをいかにＳＤＧｓに活用するかを考えてきました。

タガヤの取り組みの面白い例として、ＮＰＯ法人セブンスピリット「未来を創る子ども教室」への活動支援があります。

ＮＰＯ法人セブンスピリットは、貧困下にあるフィリピンの子どもたちに音楽とスポーツを通じて団体行動や他人への理解といったことを学んでもらうために活動しています。日本にも多くのフィリピン人が生活しているので、その活動にタガヤの教会を貸し出しました。

そこで気がついたのは、これはもっと広く地域社会全体で行うべきサービスではないかということでした。

日本の教育においても、リベラルアーツが注目を集めています。テストの成績はいいけれど応用のきかない子どもがたくさんいる一方、クリエイターと呼ばれる人たちはさまざまな形でリベラルアーツに触れている人たちなのです。音楽や絵画、古典文学から学ぶことは多いということですね。

リベラルアーツに浸る中で、子どもたちは自分なりのストレスとの向き合い方を学びます。内向的になって、引きこもってしまうような子どもたちにも情操教育との出会いが必要なのかもしれません。

ＳＤＧｓには地域貢献や教育の機会均等が掲げられています。ＳＤＧｓの目標11「住み続けられる街づくり」のように、企業はローカルコミュニティに貢献することも重要ではないでしょうか。タガヤができることとして、教会の空いている時間を無料で楽団に提供し、音楽教室を開こうと考えています。地元の子どもたちが学校帰りに集まれる場にしたいのです。音楽を学ぶ学童保育のイメージですね。

地域社会があまり機能せず、隣近所がみんなで子どもを育てるという意識が薄れているいま、それが可能な場をつくる必要性を感じています。

さらに私たちとしては、聖堂を解放することによって、将来の結婚式への憧れを持ってもらえ、少子化の抑制にもつながると考えています。

また先日、『ニューズウィーク』の２０１９年「世界が尊敬する日本人１００」に選ばれたウィーン在住のソプラノ歌手（ハイコロラトゥール）、田中彩子《たなかあやこ》さんと対談させていただきました。田中さんもやはりＳＤＧｓに深く関心を寄せていて、音楽の世界で後世を育てるために持続可能なアクションを積極的に行っていました。

「オペラが富裕層だけのものであればいつか廃れてしまう」と、アルゼンチンの小さな劇場でモノオペラの企画を自らの意思で行ったり、設備がなくても上演が叶う新作モノオペラ「ガラシャ」は、世界文化遺産の上賀茂神社などで上演されます。

第5章

海外から学んだ感動のSDGs

心が震えた12歳の少女のスピーチと世界一貧しい大統領の言葉

海外ではすでに多くの企業や一般の人々がＳＤＧｓに取り組み始めています。この章ではその現状を紹介します。

２０１９年4月16日、フランスのストラスブールで開催された欧州会議で、スウェーデン人の16歳の環境活動家、グレタ・トゥーンベリさんの力強い、怒りに震えたスピーチが印象に残っている人も多いことでしょう。

そこで、トゥーンベリさんの他に私がＳＤＧｓと向き合ってから、改めて出会った過去の感動スピーチを２つご紹介したいと思います。

セヴァン・カリス＝スズキさんはカナダ・バンクーバーの生まれで、８歳の時に訪れたアマゾンで森が燃やされている光景にショックを受け、なにかをしなければならないという思いに駆られました。

４人のクラスメートと「子ども環境運動」という学習クラブを始め、１９９２年には、リオの地球サミットで大人たちに環境破壊を止めるよう訴えた伝説のスピーチが行われたのは、彼女が12歳の時のことです。

「私たちがここで話しているのは、未来に生きる子どもたちのためです。世界中の餓えに苦しむ子どもたちのためです。もう行くところもなく死に絶えようとしている無数の動物たちのためです。

あなたたち大人はオゾン層に空いた穴をどうやって塞ぐのか知らないのでしょう。死んだ川にどうやってサケを呼び戻すのか知らないでしょう。絶滅した動物をどうやって生きかえらせるのか知らないでしょう。

だから、**大人のみなさん、どうやって直すのかわからないものを壊し続けるのはもうやめてください**」

ウルグアイのホセ・ムヒカ元大統領のスピーチも私の胸に深く刻まれています。

「貧しい人とは少ししかものを持っていない人ではなく、もっともっとと、いくらあっても満足しない人のことを言うのだ」

涙を流さずには最後まで聞けない、心を打たれる感動のスピーチです。是非

YouTubeでスピーチの全容を聞いてみてください。

セヴァンさんやムヒカさんの話は映画化されていますので、そちらもおすすめします。

ロンドンで見たリサイクルの精神

ＳＤＧｓの目指す持続可能社会は、ものをつくるなと言っているわけではありません。**使い捨てや大量生産・大量消費をやめよう**と主張しているだけです。

使える資源に限りがあり、資源開発をすればその分の負荷が環境にかかり、私たちの生活が乱されます。これは、風が吹けば桶屋が儲かるではありませんが、５００円で買える化学繊維の服が大量に生産されたせいで、地球温暖化ガスが増え、巨大台風が日本を襲うようになったとも言えるのです。

ものはつくっていい。むしろつくるべきです。ただし、つくったら最後まできちんと使おうという考え方です。

SDGsの目標8「働きがいも経済成長も（すべての人々のための持続的、かつ一定レベルの経済成長、生産的な完全雇用および働きがいのある人間らしい雇用を推進する）」と目標9「産業と技術革新の基盤をつくろう（耐久性に優れたなインフラを整備し、包摂的で持続可能な産業化を推進するとともに、イノベーションの拡大を図る）」は、資本主義の否定ではなく、持続可能社会を実現するためには資源と技術の革新が必要だということを示しています。消費と生産の見直しと技術の革新的なアップデートを求めているのです。

そこに至るまでにはまだまだ時間がかかります。では、それまではどのようなライフスタイルを実践すればいいのでしょうか？

日本よりSDGsが進む諸外国の現状を取材した時のことです。

ロンドンに行って気がつきましたが、欧米は古着文化が発達しています。イギリスではいらなくなった服や食器をリサイクルのヴィンテージショップに出すという文化が根づいています。

日本はアパレル業界が発達した一方で、ユニクロのように安くて手軽に買える商品が充実しています。古着を楽しむ文化はイギリスほどポピュラーではありません（メルカリなどオンラインの中古売買サービスの登場で変わりつつありますが）。

単純に比較はできないとは思いますが、今後使い捨ての文化は日本でも衰退していくのではないでしょうか。


日用品だけではなく、ヨーロッパは建造物もリサイクルします。

日本は木造建築の国なので、建て直しも建て壊しも簡単に行います。しかし、ヨーロッパの建物は石づくりです。内装は変えられますが、外装を変えるのは大変なので、建築物を解体することはあまりありません。古い建物に住み、内装を現代風に変えて快適に暮らす人がとても多いのです。

ＳＤＧｓの価値観はこれに近いです。つくったものはできるだけ壊さずに利用する。資源は有限なので、地球のキャパシティ以上の消費はしない、ということです。

日本はすぐに壊すし、壊して建て替えて、また壊して……、ということを延々と繰り返してきました。

スクラップ&ビルドからリサイクル&リユースへシフトチェンジをするにはポストコロナのタイミングしかないですね。これで変われなかったら、日本はSDGs後進国というレッテルを張られてしまいます。

では、これからの企業はどうすればいいのでしょうか?

大手企業はベトナムとインドネシアに注目しています。新型コロナウイルスの発生源とされる中国は生産拠点としても市場としても魅力がなくなりました。消費者が中国製を敬遠する中で商売を続けることが難しくなったからです。

そこで日本の経営者たちは「次はベトナムとインドネシアに労働力と市場がある」と考えて、現地の人たちに学びの機会を提供し、これらの国で自動車工場を建てたりしています。

東南アジアは新型コロナの影響も非常に小さく、特にベトナムでは死者がほぼいなかったという点も大きなアドバンテージです。

新しい市場と人材がインドネシアとベトナムにはある。その新天地の価値観はSD

Ｇｓ的なものなのです。

ベトナムには、まんなかに穴が開いているフキのような植物があります。地域の人から見れば雑草で邪魔な存在ですが、その植物を乾かしてストローをつくっている会社があります。原料はタダ。みんなから雑草と思われていたものに価値をつけて売っているのです。

ＳＤＧｓの価値観で、雑草がストローに変わり、タダのものがお金に変わりました。こういう視点でビジネスを考えられる人が本物の経営者だと思います。

地域に雇用も生んで、なにもないところに産業を生み出す――。その経営指針がＳＤＧｓになります。

プラダのバッグよりもエコバッグを持っている人のほうがカッコいいという時代がやって来ます。いかにしてその新しい価値観にコミットしていくかが、経営者に問われていると思います。

北欧の先進的な取り組み

100%再生可能エネルギーでまかなうことを目指しているデンマークについて学ぶために、京都府の外郭団体のメンバーとして参加した時のことです。

菜の花畑に立つ風車。消費電力の43.6%を風力発電でまかなう

コペンハーゲンから150キロの島、ロラン島（デンマークで4番目に大きな島で、一番ドイツ寄りの南側に位置する）を訪ねました。

私はこの島で実践していたエコチャレンジの歴史について学びました。これまでは電力の98%を輸入に頼っていたそうですが、現在は輸出するまでになったそうです。

1980年に原発の候補地となっていましたが、1985年に国が脱原発宣言を行い、その後、再生可能エネルギーを開発する風力発電を普及させようと、いち早く制度を整えました。初期投資に助成金を出し、敷地を持つ農家に風車を建てることを推奨したのです。

広大な大地の至るところに500基の風力発電の風車が並んでいますが、その半分は個人所有です。農家のそばに風車を建てて、その電力を売電するシステムを構築しており、日本円で年間640万円の収入になります。風車一基の建築費は大型風車でも5760万円ですので、10年ほどでペイできるというわけです。

自然災害などで不作な年もある中、発電で確実に収入を得ることができるメリットは、農家を次の世代に承継することへの後押しにもなります。

ワークライフバランスを支える「人と社会の連携の仕組み」は、フレキシブルというキーワードを基に労働と生活の2つを考えることが重要なのでしょう。環境負荷の小さい、持続可能な社会の実現は、サブスクリプション（定額制）もキーワードになってきます。

サブスクリプションとレンタル・リースとの違いは、製品に支払うか、期間に支払うかというところにあります。サブスクリプションは、使おうが使うまいが料金が変わらず期間を買いますが、このシステムが広がりを見せています。

長く愛されるシンプルな家具。光との空間デザインはエコが原点

形の違う家具でも、同じ空間を共有し新たな価値となる

全体として消費の無駄を減らしつつ、生産は一定レベルで維持でき、製品やサービスが高額となっても消費者の負担は変わらない、という前向きな取り組みなのです。

フィンランドで世界の都市交通で初めて実現したMaaS（Mobility as a Sevice）は、自家用車以外の交通手段を定額で効果的に利用できるシステムです。自由で空気を汚さない、自然を疎外せずに移動が快適になるというメリットがあります。

スウェーデンの有名企業、イケアの先進性もすごいですよね。

北欧家具のデザインの素晴らしさは世界的に注目されていますが、なぜああいう家具がつくられているのかと言えば、冬が長いからです。

1年のほとんどが冬のため、スウェーデンやデンマークをはじめとした北欧の人々は家財道具に深い愛着を持ってきました。スプーンや椅子、カップのデザインをとても研究しているのです。そうしてつくられた**家具は使い捨てではなく、次の世代に引き継がれていきます。**

北欧デザインは「暮らしをゆたかにすること」をコンセプトにしたシンプルなデザインなので、世代を問わず、時代にも影響されません。

デザインとして古くならないから、経年で風合いを味わえる大切な家具をお父さんから子どもに引き継ぐ――。まさしくサステナブルな文化ですよね。

幸せなデンマークのシステム

北欧諸国は世界の幸せな国ランキングの上位を占めています。

国連で行っている「世界幸福度報告書（World Happiness Report）」という取り組み

があります。これは、経済水準、社会的支援、健康寿命などいくつものパラメータを組み合わせて、国の幸福度を測定するというものです。２０２０年度の調査では１位がフィンランド、２位がデンマーク、３位がスイス、４位がアイスランド、５位がノルウェーでした。

ちなみに、日本は１５３ヵ国中62位。その他の国では、ドイツが17位、アメリカが18位です。

北欧諸国は、豊かな自然環境があり、充実した社会制度があるなど、共通点があります。例えば、デンマークでは収入の50％の税金を支払いますが、その代わりに病院と大学、つまり医療と教育が無料です。

さらに、80歳になったら住宅が割り当てられるため**未来に不安がありません**。また、ゴミの収集は有料なので、**ゴミを出さないように国民みんなが工夫をしています**。

日本は真逆です。住宅、医療、そして教育は有料で、ゴミは税金からまかなっていますす。ゴミは一部の地域を除いて出し放題となっているので、ゴミがいくらでも出てくるのです。

デンマーク最大のオーガニック農場もSDGs

デンマークにある1000ヘクタールの大農地「クヌセンルン農場」。ここの女性オーナーであるスザンヌさんは、2006年に祖父から農地を受け継ぎ、翌年からオーガニック農業に転換して新しい経営を始めたそうです。2010年にはチーズコンテストで金賞を受賞するなど、現在では国内外で味とクオリティの高さで知られる存在となっています。

オーナーのスザンヌさん（左）と環境ナビゲーターのニールセン北村さん

大変美しい笑顔の素敵なスザンヌさんから、たった7年ほどで成功できた、経営のアイデアとノウハウをうかがうことができました。

まず最初に行ったのは、祖父より引き継いだ時に残っていた**男性社会の序列の廃止。**雇用している15人のうち半数を女性にして、出産直前まで働けるようにしたそうです。「会社は社会を反映している」と言われるので幅広い年齢層を雇用した、とスザンヌさんは言います。

次に**大農場に会議室を設けて、幅広く誰でも利用できるようにしました。**例えば、ミシュラン5ヵ国のシェフを招き、地元の野菜を取り入れた料理コンテストも行っているそうです。

実際、私たちがお邪魔した時も、ビジネスパーソンが会議をしながらオーガニック

広々した環境で育つ豚の肉は自然の恩恵を受けておいしい

1000ヘクタールの大農地では持続可能性が常に考えられている

幸せそうに笑顔で寄り添う山羊たち

ランチを楽しんでいる様子がうかがえました。

3番目は、**100%有機農法への転換。**これまでの化学肥料から有機肥料に変えて、無農薬で、遺伝子組み換えの種子は使わないようにしたと言います。

「当初はそんなこと不可能だと言われたが、あきらめませんでした」と語るスザンヌさんの言葉に意志の強さを感じました。

「クヌセンルン農場」の広大な戸外ではヤギや豚が幸せそうに飼育され、自然農園の素晴らしい様子に心を奪われました。

行列ができるサステナブルな寿司屋

ＳＤＧｓの目標をわざわざ言うまでもなく、欧米ではすでにＳＤＧｓの精神が文化として根づいています。

まずは、エルメスの話をご紹介しましょう。エルメスのバッグは品薄で、入荷待ちのモデルが多くあります。大量生産できない理由の一つは、バッグの素材に食用の牛の背中の皮を使用しているためです。エルメスはカバンをつくるために牛を殺さないのです。

また、職人も基本的にはフランス国内で採用しています。技術の流出を恐れるという理由もあるでしょうが、人件費の安さや大量生産を目的に海外に生産拠点を持つようなことはしないのです。

あくまでもMade in Franceにこだわる誇りは、永遠のブランドの証です。**顧客の口コミが広告の真髄**なのでしょう。サステナブルな商品をつくり続けることで、持っている人も商品を大切に長く使いますし、ついつい気合いを入れてコマーシャルをしてしまいますから。

次にお寿司の話をしましょう。

欧米では昔からオーガニックやエコ、サステナブルといったことに、ものすごく意識の強い地域が各国にあります。アメリカの場合はポートランドでしょう。ポートランドには昔のヒッピーやアーティストといった、自然を愛するような人たちが暮らしています。そういう人たちにＳＤＧｓの思想は歓迎されました。

ポートランドでは、資源が枯渇しているものを商品にしたら誰も買いません。きっと不買運動が起こるでしょう。

「Bamboo Sushi（バンブー寿司）」という行列の絶えないサステナブルなお寿司屋さんが、この地にはあります。

お寿司とＳＤＧｓにはなんの接点もないように見えるかもしれませんが、お寿司のネタである魚とＳＤＧｓは密接に関係しているのです。

ＳＤＧｓの目標14「海洋と海洋資源を持続可能な開発に向けて保全し、持続可能な形で利用する」に沿った海産物を「サステナブル・シーフード」と呼び、その認定基準がいくつか定められています。その一つに「ＭＳＣ（Marine Stewardship Council ＝海洋管理協議会）認証」があり、「Bamboo Sushi」は全米で初めてグリーンレストラン（環境に取り組むレストラン）として認証を取得したお寿司屋さんなのです。

この店では、クロマグロのような絶滅危惧種の魚、サーモンのように養殖によって海洋汚染を引き起こすおそれのある魚、稚魚を根こそぎ獲ってしまう漁法で得るような魚などは使わず、絶滅の恐れのない豊富な魚だけを提供しているそうです。

使える魚介類が限られている分、メニューには独自の工夫がたくさんあって、人気のベジロールはきゅうりとアボガドとハニーマスタードですし、握りの上にはわさびでなくみかんジャムとガーリックソルトが乗っていて、ＭＳＣ認証のビンチョウマグロのカルパッチョには、セージやライムという爽やかな味つけがされています。どれも日本にはない発想です。

日本だったら、トロが1キロ何万円というような高級寿司屋に行くのがちょっとしたステータスになっていますが、ポートランドではそういうブランドには誰も目を向けません。絶滅危惧種やそれに準じるマグロを出していることは恥であって、けっしてほめられることではないのです。

「意識高い系」という言葉が流行りましたが、「Bamboo Sushi」はまさにそれで、お客様は寿司を食べながら、そのバックグラウンドにある水産資源の維持という情報も召し上がっているわけです。これがＳＤＧｓ時代の価値観です。

間違いなくこれからの日本もそうなります。**枯渇するであろう資源を食べることが恥ずかしい世の中になっていきます。**

エスキモーのような狩猟民族は絶対に決まった量しか獲物を獲りません。彼らがなぜ不必要な狩りをしないかと言えば、未来のために資源を残しておくためです。そのために、神話や伝統をつくり、資源を守ってきたのです。これから先進国はそういう方向に進んでいくでしょう。

自分たちの未来に資源を残しておきたい——。そういうブームが起きるでしょうし、私も微力ながら起こしていきたいと思っています。

ソファーに寝たままできるSDGs

SDGs先進国とは反対の例もご紹介します。残念ながら日本の話です。

日本の一部のテーマパークでは、パーク内にお弁当を持ち込めませんでした。そのためちょっとずつ増えてきたナチュラル思考の人たちは、食べられるものがないという問題が出てきたのです。

テーマパークで売られているフードはファストフードチェーンの食品だったり加工食品だったり、添加物が用いられています。食べるものがないという人からの問い合わせが最近増えているようで、条件つきで持ち込むことができるようになっています。7大アレルギー対応のメニューを提供しているところもあるので、その点では素晴らしいと思いますが、添加物でアレルギー反応が出る人もいるのです。

そういったメニューに取り組むのもノハム＝SDGsなのです。

SDGsは企業だけではなく個人も対象ですが、普通の生活をしているとどこから手をつけたらいいのか、わからない人も多いと思います。

国連のサイトに「持続可能な社会のために　ナマケモノにもできるアクション・ガイド（改訂版）」というページがあります。以下にURLを紹介しておきますので、参考にしてみてください。

https://www.unic.or.jp/news_press/features_backgrounders/24082/

「世界を変えるためにあなたができることはたくさんあります」から始まり、**ソファー**

で寝たままが実はSDGsだったり、**みんなが同じ部屋で一緒に団らんするのもSDGs**である、ということが書かれています。

このガイドを読むと、「SDGsって無理せずに、のんびり暮らすってことなのか」と思わずにはいられません。

GAFAでは従業員ファースト

SDGsに敏感に反応しているのは、シリコンバレーのITエンジニアたちでしょう。

現在のアメリカのIT企業は、いままでの企業とはあらゆる面でまったく異なる別のフレームで経営を行っています。

例えば、アメリカの電気自動車メーカーで成長著しいTesla（テスラ）は、全然利益を出しておらず、ずっと赤字が続いているのに、なぜか株価は順調に上がっています。

これはいままでの常識ではあり得ないことです。

株の動きを見ていると、株主はお買い得感というよりも、この企業がどこへ向かっているのかという点を重視しているようです。ＧＡＦＡが巨大企業に成長し株価がつり上がったことは、ＩＴ基盤を提供するプラットフォーマーが最大の利益者となることを証明したのです。

ＳＤＧｓに関係している企業も株で儲けています。従来の企業でもインフラ的にＳＤＧｓにからめるところは、やはり株価も上がるのではないかと思います。


私は２０１８年5月にシリコンバレーへ視察に行きました。

そこで、Google、Facebook、Teslaを回ってＧＡＦＡのすごさを目の当たりにしました。

なにがすごいのかと言えば、経営者が従業員をいかに喜ばせるかということを最優先に考えていることです。

社内にカフェやレストランがたくさんあるのですが、全部無料提供。家族を連れていってもOK。バレーボールをするグラウンドがあったり、とにかく楽しそうでした。

彼らは社内を「キャンパス」と呼んでいます。大学の延長みたいなところという意味合いなのでしょう。

常にどこかで最新技術のプレゼンテーションが行われていて、「今日はどこどこのキャンパスで新しいロボット開発の発表会をやっているよ」という情報がオープンに流れてきます。それを誰でも見ることができるのです。

日本なら研究部門がなにをやっているのか、営業や総務は知らないことも多いですが、シリコンバレーでは違いました。どんな部署のどんな人でも、自分の会社がつくり出した世界でもっとも進んだ技術を体験できます。外部から来た私たちにでさえオープンにしているのです。

新しいイノベーションが生まれたら、それを隠すのではなく、できる限りたくさんの人に見てもらいたいというのが彼らの考え方です。その場でみんながよい悪いの投票をしたり、質問をしたり、投資会社が商品のアイデアを買いに来たりしていました。

従業員を喜ばせる可能性が披露できるなら、誰が入ってきてもいい――。日本の企業とは真逆ですね。

雰囲気はオープンかつ笑顔で溢れていて、これには敵わないなと感じました。

Ｕｂｅｒ（ウーバー）がなぜ成長したのかも現地に行ってみてわかりました。サンフランシスコ空港からサンノゼのホテルまで、滞在中に何度利用したかわかりません。シリコンバレーは交通網がないので、自動車に乗るしか移動手段がないのです。慢性的なタクシー不足の中、そこにＵｂｅｒが登場したわけです。

シリコンバレーのＵｂｅｒ運転手は、全米のタクシー運転手の中で一番年収が高いと言われています。なにもないところなので、距離が稼げるためです。

また、運転手のサービスも多種多様で、一言も話さない人もいれば、充電器の備えつけをしている人、ミネラルウォーターのサービスをする人、観光ガイドをする人など、評価を意識した専業の運転手も多くいました。

私は海外に行くと「タクシーの運転手に必ず景気どう？（How's the economy?）」と話しかけるようにしています。それがこれからは「環境どう？（How's the enverament?）」と聞くことになるのでしょう。

Ｕｂｅｒのように誰かの不満や不便を解消させることがビジネスチャンスとなったように、地球の環境改善や地域へ貢献することがビジネスや商品を考えるヒントになります。

ＩＴ企業に勤めている人たちの収入は高いと思いますが、それ以外の仕事をしている人は、ダブルワークは当たり前です。

シリコンバレー型の新ライフスタイル

シリコンバレーのライフスタイルは、日本の昭和世代とは大きく異なります。豪華なインテリアや家具に囲まれながら、高級ブランドの服を着てセレブリティを招いたパーティを開くようなことはしません。とてもシンプルで、見かけだけでお金持ちかどうかを判別するのはまず不可能です。

私が驚いたのは、シリコンバレーにＢＡＲがないことでした。シリコンバレーで働く人たちは、ほとんどお酒を飲まないからです。

私はバブル世代なので、夜になって一杯いただくことでオフモードになりリラックスできるのですが、彼らにはそういう考えがありません。アルコールが入ると思考回路のスイッチがいきなりオフになるので、彼らにはそれが耐えられないそうです。

ギークと言われているいわゆるオタク系は日常生活に少し難があったり、言動が凡人には理解できないこともありますが、ＩＴリテラシーやコンピュータ周りに関しては天才集団なのです。

彼らの能力はすさまじい。あの集中力こそ、**ポストコロナ時代に普遍化する成果主義において高く評価される能力**です。

スマホを離れてキャンドルを囲もう

ＳＤＧｓは行動目標であり、思想でもあります。

企業から従業員へ、さらに個人へと行き渡ることが大切です。啓蒙を広げていくことで、ライフスタイルが変わっていくでしょう。

これまでリビングに家族が集まるのは当たり前でした。それが全員個室を持つようになると、それぞれがスマートフォンを使って、個人の生活を重視するという家庭環境に変わりました。

私たちの時代はパソコンスキルは絶対でした。しかし、いまの若者はパソコンを持っていません。スマートフォンで卒業論文を書いてしまうそうです。文献で調べる、図書館に行って調べる。それらは全部ネットに変わりました。

個人情報もネットで調べたらすぐに出てきます。エゴサーチをすると、思ってもいなかったようなところに自分の名前が出ていて驚くこともあります。

スマートフォンにはいい面と悪い面があります。

家族間でいつでも連絡できる安心感やメールならではのコミュニケーションが生まれているのはプラスでしょう。しかし、残念な面もあります。明らかにデートをしているカップルなのに、お互いがスマートフォンを見ていたりするさびしい光景。スマホ依存症なのか支配されているのか……。ＳＤＧｓの考え方が浸透することを願わずにはいられません。

リアルなコミュニケーションが叶った時には、スマホもオフにすることが大切です。まずは、昔のように家族とリビングに集まる時間を増やしましょう。

「今日はノハムデイだからキャンドルにしました」と電気を消してキャンドルに火を灯せば、とてもムーディになります。夫婦の会話が優しくなったり、揺れている火を見ながら穏やかな気持ちになれば自律神経のバランスも整えられるのです。

SDGsに取り組むことは大義名分として、結果として家族が一つになり、省エネにもつながります。お父さん、お母さんがそういうライフスタイルを教えていくと、子どもたちは当然のようにそんな暮らしをしていくわけです。

世の中は常に変わっていきます。これからスマートフォンを見ることが恥ずかしくなるような時代が来るかもしれません。

私自身、スマホ離れのムーブメントを起こさないとダメだと思っています。

１９６０年代、戦後からの高度成長期。アメリカの経済学者は、日本を訪れた際に見た電車の光景を「全員本を読んでいた。この国はどれだけ発展するのだろう」と評したと言います。

ところが、いまはみんながスマホを見ている。「この国はどうなってしまうのだろう」と、思わずにはいられません。

人工知能が発達して、人間の知能を超えるシンギュラリティー（技術的特異点）が２０４５年にやってくると言われています。シンギュラリティーが到来した時にもっとも大切なのは、人と人との対面コミュニケーション能力だと思います。

人間が生きている社会ですから、ＡＩだけでは解決できない問題があります。それを解決する能力がすごく重要で、価値が高いものになってくるでしょう。

ですから早い段階でスマホ離れをして、コミュニケーション能力を培っていくべきなのです。

子どもが第一優先の国へ変わるために

私はノハムを社会に広げるという夢のために、Twitter や YouTube を活用しています。しかし、Facebook でノハムの拡散をしたらターゲットがずれていることがわかりました。メディアの特性はかなり鮮明に分かれています。

まだ始めたばかりですが、YouTube には手応えがあります。映像編集も社内で行っていて、やっていくうちに知識が蓄積され、どうしたらいいのかがわかってきました。YouTube の影響力は大きく、子どもたちはいまテレビを見ません。自分のお気に入りの YouTuber を真似して、お遊戯みたいにして遊んでいます。将来は YouTuber になりたいといった感じです。

Twitter のツイートの内容も、経営の話やノハムの話ではなく、若い人たち向けに「ナチュラルコスメに変えてお肌の調子よすぎ」のような内容にしています。他には、アテネのガイドの動画や正月太りのぜい肉を落とす体操などを投稿しています。

有意義な情報にしないといけないですし、それをいかに短い言葉で伝えるかがポイントだとわかりましたので、どんどん言葉を短くしています。新しいツールであるSNSでも時代の流れに合わせてアップデートが必要なのですね。

SDGsの一番の目的は、世の中をもっとよくすることです。第4章でもお伝えしましたが、大切なことなのでもう一度お伝えします。

例えば、電車に乗っている時に、子どもを抱いたお母さんに対してみんなが「どうぞ」と助ける——そういう世の中にしないといけないのです。

子どもがいる人が生きやすい世の中にすることが、未来のために資源を残し、持続可能な社会をつくることにつながるからです。

まずは、**子どもが第一優先という新しい価値観をつくっていかないと、この国はよくなっていかない。**それぐらいに思っています。

おわりに

私がタガヤの事業を継承した２０１２年に、創業者・高谷光正から「これから結婚式の事業は極端に縮小するぞ、次の一手を考えておけよ」と言われました。

そのアドバイスを受けてから、私はずっと試行錯誤しましたが、そう簡単に新しいビジネスが始められるものではありません。

それまで関西にだけ拠点を持ち、関西ローカルの商圏で仕事をしていたので、まずは東京に出ようと思いました。新しいビジネスの芽を見つけるには、とにかく東京に出ないことには始まらないと考えたわけです。

それが２０１５年６月１日のことでした。

東京に進出した翌２０１６年に創業者が食道ガンで亡くなりました。

ガンが見つかった時にはすでにステージ3で5年生存率は20％台。

「現代医学で無理なら、私が治す」と思い、いろいろな文献を調べました。すると、ガンは食事など普段の生活習慣に起因して発症することも多いとわかったのです。ガンの原因には遺伝的要因もありますが、それまでの人生の積み重ねも影響しています。

風邪であれば体内からウイルスがいなくなれば治りますが、ガンはまったく違います。自分の体自体が自分の敵になってしまう。それも自分の食べてきた食べ物や生活が原因なのだということが、自分なりにわかってきました。

自分が食べたもので自分の体はできている。その結果としてガンにかかる――。それはつまり、予防ができるということです。食事と生活習慣だけでガンを避けられるわけではありませんが、ガンになる可能性を低くすることはできるのです。

先代は予期していなかった自分の死を受け入れるのに、大変に苦悩をしていました。そして最期、私に自分の死を「新事業で生かせよ」と言って幕を引きました。没2016年4月6日、享年67歳でした。

結婚式の事業をしている関係もあり、「3回忌までは誰にも知らせるな」という遺言に従って一部の幹部以外には亡くなった事実を伏せていたのですが、今回拙書を通じてお知らせできることに安堵しています。

「願わくば花の下で春死なむ」という西行の一句がありますが、毎年桜の季節になると先代を思わずにはいられません。約20年間のありがたい指導の毎日に、感謝と敬意を表します。

では彼の死をどう生かすのか？

新事業を考えた時、ガンとの闘病を通じて私が学んだことを生かすことが一つあると思いました。食の安全です。

私は知りませんでした。コンビニやスーパーで売られている非常に安いワインは酸化防止剤がたっぷり入っているものが多いということ。コンビニ食品などに使われている防腐剤や添加物が危険だということ。そういったことに無頓着でした。

先代も無頓着な人で、近くのコンビニで安い赤ワインをよく買っていました。

しかも赤ワインにはポリフェノールが含まれているから体によいと信じていました。

タイプ的には飲酒ですぐに顔が赤くなる方でした。

お酒を飲んだ時に顔が赤くなる人は、喉頭ガン、食道ガンになる可能性が極めて高く、強いお酒を飲んではいけないそうです。そういうことも後に知りました。

先代はニューヨークとハワイが大好きで、社員旅行でよく一緒に訪れていました。

「ニューヨークのウォールストリートとハワイのダイヤモンドヘッドが見える場所に、俺の灰をまいてくれ」というのが最後の願いでしたので、顧問弁護士の阿部先生と一緒に、灰を持ってニューヨークとハワイへ行きました。

ハワイでは、ダイヤモンドヘッドが一番見えるシェラトンやロイヤルハワイアンホテルからダイヤモンドヘッド目掛けて1キロくらい泳いだところに散骨しました。

ニューヨークはさすがにウォールストリートのアスファルトにまくわけにはいかないので、トリニティーチャーチの敷地の中の墓地に生えていた、桜の木の下に埋めました。

その時、ニューヨークでものすごい盛り上がりを見せていたのが、SDGsでした。2016年、初めて自分の目でSDGsというものを知ったのです。

「これから世の中はSDGsで変わる」

まさに運命的な出会いでした。

私はバブル時代に生きてきて、いい時代を楽しく過ごさせてもらいました。しかし、未来のためになにを残せたのだろうかという不安もありました。ちなみに令和には、

Beautiful Harmony ＝美しい調和という意味が込められているそうです。

「きちっと次の世代につながることをしなければいけない」

そう考えていた時に、ＳＤＧｓが目の前に現れました。

ＳＤＧｓをきっかけとして、次の世代や未来へ伝えていくことを形にしていきたいと、いま心から思っています。


コロナによって、自然環境は著しく改善しています。

インドや中国では大気汚染物質が劇的に減少しています。それを裏付ける観測データが、米航空宇宙局（ＮＡＳＡ）などから発表されています。

ベネチアでは運河の水の透明度が増し、魚の群れが戻ってきました。

空ではスモッグのない果てしなく続く青空に鳥たちが歌い、パーティをしています。

海では海底に潜って避難していた魚介類までも、なにが起こったのだと海面に顔を出しています。

まだ終息の見えない新型コロナがもたらしたものについて、視点を変えて考えてみてください。地球目線で考えることに中小企業や個人が取り組まなくては、２０３０

年までに誰一人として取り残さないという目標には到達しません。

いまこそ経済の犠牲を最小化して、環境をサステナブルにし、現在の状態から改善する方法を追求していきましょう。

ノハム認証は、世の中をよくするために誕生したのですから。

神田尚子

この本を高谷光正に捧げる。

【著者紹介】

神田尚子　かんだ　なおこ

1966 年 5 月 18 日大阪市生まれ
1989 年南海サウスタワーホテル入社（現スイスホテル）
1998 年株式会社タガヤ入社営業本部長として、2 億の年商を 30 億にまで 18 年で引き上げ、関連事業をすべて内製化させる陣頭指揮で利益率 20%を達成。2012 年より代表取締役。
2020 年国連 SDGs の組み合わせによる世界初の認証団体一般社団法人日本ノハム協会設立。

【出版プロデュース】
株式会社天才工場　吉田浩

【出版協力】
久野友萬
株式会社マーベリック 大川朋子・奥山典幸

【参考文献】
『SDGs 入門』　村上芽・渡辺珠子著（日本経済新聞出版）
『未来を変える目標 SDGs アイデアブック』 Think the　Earth 著（紀伊国屋書店）
『売り渡される食の安全』 山田正彦著（KADOKAWA ）
『the four GAFA　四騎士が創り変えた世界』 スコット・ギャロウェイ著（東洋経済新報社）
『あらゆる不調をなくす毒消し食』 小垣佑一郎著（アチーブメント出版）
『SDGs の基礎』 事業構想大学院大学出版部著（宣伝会義）
『快癒力』 篠原佳年著（サンマーク出版）
『食品添加物の実際知識』 谷村顕雄著（東洋経済新報社）

Kaede

最先端のSDGs
「ノハム」こそが中小企業の苦境を救う

2020年7月21日　第1刷発行
2020年8月28日　第2刷発行

著者　神田尚子

装丁　小口翔平＋岩永香穂（tobufune）

発行者　岡田　剛

発行所　株式会社　楓書店
〒151-0053　東京都渋谷区代々木1-29-5
TEL 03-5860-4328
http://www.kaedeshoten.com

発売元　株式会社　サンクチュアリ・パブリッシング（サンクチュアリ出版）
〒113-0023　東京都文京区向丘2-14-9
TEL 03-5834-2507 ／ FAX 03-5834-2508

印刷・製本　株式会社シナノ

ISBN978-4-86113-834-8

Printed in Japan